はじめに

2017年公示の学習指導要領の総則では、情報活用能力が言語能力や問題発見・課題解決と並んで、各教科等の学習の基盤となる重要な資質・能力であることを示している。各学校においては、コンピュータや情報通信ネットワークなどの情報手段を活用するために必要な環境を整え、これらを適切に活用して学習活動の充実を図ることや各種の統計資料や新聞、視聴覚教材や教育機器などの教材・教具を適切に活用し、子どもたちの情報活用能力を育成することが望まれている。

しかしながら、2018年、OECDのPISA調査の一環で行われた「生徒のICT活用調査」において、日本は授業中にデジタル機器を利用する時間や、コンピュータを使って宿題をする頻度が加盟国中最下位だったことが報じられた。また、学校のウェブサイトから資料をダウンロードしたり、アップロードしたり、ブラウザを使ったりする割合も、加盟国の平均を大幅に下回る結果となった。

奇しくも2019年末からは、新型コロナウイルス感染症が世界中に拡大することになり、日本では、長期にわたる臨時休業を余儀なくされ、子どもたちの学習機会は閉ざされることとなった。こうして皮肉にも教育現場におけるICT化が、急遽クローズアップされることとなり、「GIGAスクール構想」は、必要感や必然性をもって推進されることとなっていった。緊急時のオンライン学習に備えた通信環境整備などを含む緊急経済対策により、「1人1台端末」が早期に実現することとなった。

だが、急速に進行したがゆえに、各学校における実際の「GIGAスクール構想」の推進は、ICTに詳しい教職員の能力に委ねられるところがあった。そして逆に、ICTに詳しい教職員が在籍しない学校からは、自校のICTの導入方法はこれでよいのか、ICTを活用した○○○りはこれでよいのか等○○○○○○○○○○れた。○○○○○○○○○○○が、何とか平○○○○○○○○○○○○○○○○でに教員研修ツール「総合○○○学習の時間　探究的な学び体験すごろく」を開発している。このすごろくには、探究の4つのプロセス（課題の設定、情報の収集、整理・分析、まとめ・表現）をもとに、4つのゾーンを設け、マスのなかには、『学習指導要領解説　総合的な学習の時間編』を参照して、望ましい探究の姿を記載した。そして、コマの進むルートは自分で考え、対話をしながら、一定の点数（育成を目指す資質・能力の3つの柱を3つのパワーとして点数化したもの）を獲得してゴールを目指すものとした。

このすごろく作りのノウハウを生かして、「GIGAすごろく」を作ることはできないかと考え、ICTに詳しい教員、授業づくりに詳しい教員、学校マネジメントに詳しい教員に呼びかけをして『「GIGAすごろく」開発研究会』を立ち上げた。

本研究会は、2022年度第48回パナソニック教育財団実践研究助成を受けて、「GIGAすごろく」を完成させることを目的とした研究開発チームである。

「GIGAすごろく」は、ICTの**「管理運用」**、ICTを活用した**「授業づくり」**、ICT

を活用した子どもの「探究的利活用」、ICTを活用した「業務改善」の4つの場面において、自校や自己のICT活用に関わる現状を確認し、「GIGAスクール構想」の推進に向けて、意識改革を図ったり、手立てについて理解を深めたりする教員研修ツールである。マスの中には、「GIGAスクール構想」を推進するための教員にとって必要な考え方を示し、マスに止まったら、その内容について、自校や自己のICT活用に関わる現状をチェックしたり、手立てや改善方法についてアイディアを出し合ったりして、協働性を高めていく。「GIGAスクール構想」を推進するのは、校内の限られた教員だけではなく、全教職員と考えるからである。また、この「GIGAすごろく」は、紙でできている。ICTの活用に関わる研修に、紙を使用するということは、手軽であるし、「機器の操作を覚えなければならない」という気負いが軽減される。ICTの活用に抵抗のある教職員にとってのハードルもぐっと下がる。

「GIGAすごろく」を開発する過程で、開発メンバーのなかから、収集・整理されてきた考えや手立てを元に本作りを進めようとの機運が高まってきた。「GIGAスクール構想」により、教員のICTの活用力や指導力が求められるなか、「GIGAすごろく」のマスの中に書かれた内容だけでなく、さらなる気付きや示唆を与えることのできる手引き書があれば、学校現場にとってさらに有益だろうと考えたからである。

2021年、中央教育審議会の初等中等教育分科会において、教員養成系の大学学部の教職課程でICT活用に関する内容を修得するためのコアカリキュラム案（「教職課程コアカリキュラム」）が示された。そして、私たちの研究が始まったちょうど2022年度からは、各大学で、「教職課程コアカリキュラム」に対応した授業が実施されることとなっていた。

そこで、教職課程を受講している大学生が、学生のうちに具体的な手立てやICTの活用に関わる意義や教育理論を学んでいてくれれば、いずれ学校現場に出る頃には、即戦力となって活躍してくれるだろうと期待して、本書を大学の授業でも活用できるものとした。

本作りに際しては、「GIGAすごろく」開発研究会のメンバーの他に、研究者にも加わっていただいた。

主にICT活用に関して実績のある小中学校の教員には、88個のすごろくのマスの内容にあった実践の具体や知見を第2章から5章にかけて執筆していただいた。また、研究者には、第1章「GIGAスクール構想の背景と潮流」と題し、「GIGAスクール構想」に関する理論を補っていただいた。そして、第6章は、実際の教員研修を実施するための手引きとした。

こうして、私たちの「GIGAすごろく」作りとそれに関連した本作りは、わずか1年というスピードで完成に至った。「GIGAスクール構想」推進のスピードに負けてはいられない。

教育開発研究所および編集にご尽力いただきました山本政男氏と尾方篤氏には、この場を借りて感謝申し上げたい。

本書が、学校現場にとって役立つものとなるとともに、教員を夢見る学生と学校現場をつなぐ架け橋になることを願っている。

「GIGAすごろく」開発研究会代表
八釼　明美

GIGA実現ハンドブック

子どもたちの未来と社会への扉を拓く

八釼 明美／中川 斉史／村川 雅弘 編著

 教育開発研究所

第1章 「GIGA スクール構想」の背景と潮流

第2章 ICT 端末の管理・運用

■校務の情報化推進■

■持ち帰り■

■健康面の配慮■

第3章　ICT 活用による授業づくり

■授業導入■

■授業展開■

■授業まとめ■

■カリキュラム■

■学習環境■

第4章　学びや生活における利活用

第5章　ICT活用による業務改善

第6章　ICT活用に関する教員研修と大学授業のモデル

「GIGA スクール構想」の実現に向けた学校のマネジメントと「GIGA すごろく」

1 「GIGA スクール構想」推進の目的

仮想空間と現実空間を高度に融合させたシステムによって開かれる「Society 5.0」時代を生きる子どもたちにとって、ICT の活用は、必要不可欠である。文部科学省は、こうした時代の到来を見据え、2019 年 12 月、「1 人 1 台端末」及び「高速大容量の通信ネットワーク」の一体的整備を施策の柱に据えた「GIGA スクール構想」を発表した。

この構想は、高速大容量の通信ネットワークを生かし、子どもたち一人一人が貸与された端末を文房具のように使いこなせるようになることだけを目的としているわけではない。その先には、学習の基盤となる資質・能力として各教科等の学びを支える「情報活用能力」の育成という目的があることを押さえておきたい。

この「情報活用能力」については、2016 年 12 月の中央教育審議会答申で、「世の中の様々な事象を情報とその結び付きとして捉えて把握し、情報及び情報技術を適切かつ効果的に活用して、問題を発見・解決したり自分の考えを形成したりしていくために必要な資質・能力」と定義された。予測困難なこの社会において、子どもたちが、

賢く、力強く生きていくためには、社会や世界と繋がり、必要な情報を活用しながら問題解決したり、新しい価値を生み出したりしていく力が必要というわけである。

この「情報活用能力」は、文部科学省委託事業「次世代の教育情報化推進事業『情報教育の推進等に関する調査研究』」（以下、IE-School）において、「育成を目指す資質・能力」の 3 つの柱で捉えられるとともに、下の表のように整理された。

			分類	
A. 知識及び技能	1	情報と情報技術を適切に活用するための知識と技能	①情報技術に関する技能 ②情報と情報技術の特性の理解 ③記号の組合せ方の理解	
	2	問題解決・探究における情報活用の方法の理解	①情報収集、整理、分析、表現、発信の理解 ②情報活用の計画や評価・改善のための理論や方法の理解	
	3	情報モラル・情報セキュリティなどについての理解	①情報技術の役割・影響の理解 ②情報モラル・情報セキュリティの理解	
B. 思考力、判断力、表現力等	1	問題解決・探究における情報を活用する力 （プログラミング的思考・情報モラル・情報セキュリティを含む）	事象を情報とその結び付きの視点から捉え、情報及び情報技術を適切かつ効果的に活用し、問題を発見・解決し、自分の考えを形成していく力 ①必要な情報を収集、整理、分析、表現する力 ②新たな意味や価値を創造する力 ③受け手の状況を踏まえて発信する力 ④自らの情報活用を評価・改善する力　　　等	
C. 学びに向かう力・人間性等	1	問題解決・探究における情報活用の態度	①多角的に情報を検討しようとする態度 ②試行錯誤し、計画や改善しようとする態度	
	2	情報モラル・情報セキュリティなどについての態度	①責任をもって適切に情報を扱おうとする態度 ②情報社会に参画しようとする態度	

IE-School における「情報活用能力」の捉え

「はじめに」において、「『GIGA スクール構想』の推進は、ICT に詳しい教職員の能力に委ねられる側面があった」としたが、実際にそうした教職員がいたとしても、子どもたちの資質・能力としての「情報活用能力」をどのように捉え、どのような計画で育成していくのか、その展望と結び付けられなくては、推進は画餅に帰してしまう。

では、どのような推進が必要なのであろうか。

文部科学省「新学習指導要領と GIGA スクール構想の関係」

上の表は、文部科学省（2022年）「新学習指導要領が目指す方向性と教科書・教材・ソフトウェアの在り方について（案）」における「新学習指導要領と GIGA スクール構想の関係」図である。

まずは、いつでも誰でも1人1台端末や高速ネットワーク等を授業に生かすことができるように環境整備を行う。そして実際にそれらを活用しながら、中央教育審議会（2021年1月16日）が「『令和の日本型学校教育』の構築を目指して」のなかで提起した個別最適な学びと協働的な学びの一体的充実を果たし、主体的・対話的で深い学びの実現につなげていく。このようにして教師の日々の授業改善を通して、子どもたちの資質・能力を育成していく。ただ単に授業のなかでICT端末を頻繁に活用していればよいわけではなく、今次学習指導要領の着実な実施を見据えて、効果的に活用していくことが必要である。

2 「GIGA スクール構想」のカリマネ

また、IE-School では、「これら（資質・能力のこと）を各学校でより具体的に捉え、児童生徒の発達段階や教科等の役割を明確にしながら教科等横断的な視点で育んでいくことが重要である」とし、「情報活用能力」の育成に係るカリキュラム・マネジメント（以下、「カリマネ」）の図を次頁表のようにまとめている。

ここでは、カリマネの3つの側面としての、「教科等横断的な視点での取組」「実施状況の評価と改善（PDCA）」「人的物的体制の確保」を横軸に配置するとともに、縦軸は、長期的な視点で3つの時期を設けている。

Ⅰ（準備期）は、情報活用能力を育成するためのカリマネの第一段階で、教育課程の編成を行う時期としている。Ⅱ（実践期）は、編成した教育課程を各教科等で実

践する時期としている。Ⅲ（改善期）は、Ⅱ（実践期）における各教科等での実践を評価し、改善した教育課程を再び各教科等で実践する時期としている。

これまで述べてきたことをツインマネジメントサイクル図[1]でまとめたものが下の図である。

ＰはⅠ（準備期）にあたり、ＤはⅡ（実践期）にあたる。なお、Ｄでは、主体的・対話的で深い学びを目指した授業のpdcaが回り続けることとなる。そしてＣは、Ｄを経た子どもたちの「情報活用能力」の伸びや実態について総合的に評価し、Ａとして教育課程の改善の方向性を定める。そして、Ⅲ（改善期）として、2周目のPDCAサイクルに繋げていく。

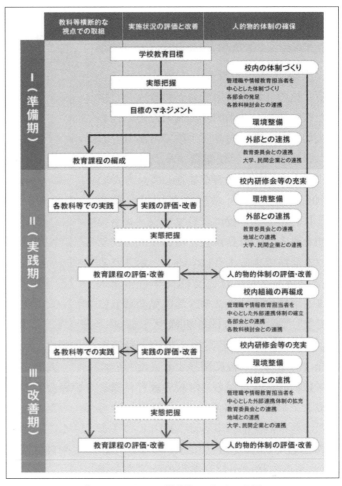

「GIGAスクール構想」のカリマネ図

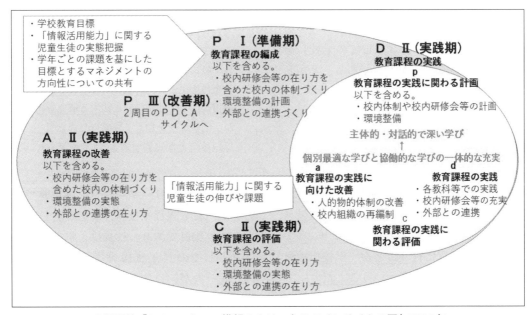

八釼明美「GIGAスクール構想のカリマネのツインサイクル図」2022年

3 「学校組織マネジメント」と「GIGA スクール構想」

　「GIGA スクール構想」のカリマネは、児童生徒の「情報活用能力」の育成を目指した教育課程の効果的な実施のために極めて大切な考え方であり、手段でもある。しかし、同時に、「学校組織マネジメント」の視点ももって、構想を推進していきたい。

　2000年12月の「教育改革国民会議報告」において「学校に組織マネジメントの発想を導入し、校長が独自性とリーダーシップを発揮できるようにする」と示されると、2004年3月には、文部科学省「マネジメント研修カリキュラム等開発会議」において、「学校における組織マネジメント」が、「学校の有している能力・資源を開発・活用し、学校に関与する人たちのニーズに適応させながら、学校の教育目標を達成していく過程（活動）」と位置付けられた。さらに文部科学省は、2016年の「チームとしての学校の在り方」のなかで、「これからの学校が教育課程の改善等を実現し、複雑化・多様化した課題を解決していくためには、学校の組織としての在り方や、学校の組織文化に基づく業務の在り方などを見直し、『チームとしての学校』を作り上げていくことが大切である」と示している。

　では、実際、どのように「学校組織マネジメント」を捉え、どのように推進していけばよいのであろうか。

　ここでは、カリマネの3つ目の側面としての、「人的・物的体制の確保」の内容に、「学校組織マネジメント」の趣旨が内包されていることに着眼したい。つまり、3つ目の側面を丁寧に行うことが「学校組織マネジメント」に繋がるということだ。

　小学校及び中学校の学習指導要領（平成29年告示）解説総則編では、「第3章　教育課程の編成及び実施」内の第1節の「4　カリキュラム・マネジメントの充実」の項目に、次のような記載がある。

> （ウ）教育課程の実施に必要な人的又は物的な体制を確保するとともにその改善を図っていくこと
> 　教育課程の実施に当たっては、人材や予算、時間、情報といった人的又は物的な資源を、教育の内容と効果的に組み合わせていくことが重要となる。学校規模、教職員の状況、施設設備の状況などの人的又は物的な体制の実態は、学校によって異なっており、教育活動の質の向上を組織的かつ計画的に図っていくためには、これらの人的又は物的な体制の実態を十分考慮することが必要である。（下線筆者）（略）

　人的・物的体制の実態は、学校によって異なるので、校長の方針のもと、自校に合った方法で、教育課程を編成・実施していくことが大切である。これが学校の独自性や自律性を高めることになる。

> 同
> （略）校長、副校長や教頭のほかに教務主任をはじめとして各主任等が置かれ、それらの担当者を中心として全教職員がそれぞれ校務を分担して処理している。各学校の教育課程は、これらの学校の運営組織を生かし、各教職員がそれぞれの分担に応じて教育課程に関する研究を重ね、創意工夫を加えて編成や改善を図っていくことが重要である。（下線筆者）（略）

　また、校長のリーダーシップは重要ではあるが、教育課程や校務分掌を実施していくのは教職員である。校長は、学校のスタッフとしてのICT支援員等を含めた教職員一人一人が、自分の立ち位置や役割を理解して、その力を発揮できるように適材適所に人材を配置するなど、その仕組み作り

に貢献しなくてはならない。

さらに、「同第5節　学校運営上の留意事項」の「1　教育課程の改善と学校評価等」には、次のように示されている。

> （略）カリキュラム・マネジメントは校長が定める学校の教育目標など教育課程の編成の基本的な方針や校務分掌等に基づき行われることを示しており、全教職員が適切に役割を分担し、相互に連携することが必要である。（略）校内研修等を通じて研究を重ねていくことも重要であり、こうした取組が学校の特色を創り上げていくこととなる。（略）（下線筆者）

カリマネでは、全教職員が適切に役割を分担し、その力を発揮していくだけではなく、「（教職員が）相互に連携」していくことが必要であると記されている。校長が定める学校の教育目標をもとに、「子どもたちの資質・能力を育成していこう」「みんなでいい学校をつくろう」などと、願いや思いを共有し、実践研究を重ね、教育課程を創意工夫していくことのできる知恵と協働性のある教職員集団を育んでいきたいものである。

その手段の一つとして、先に示した「GIGA スクール構想」のカリマネ図のⅡ（実践期）に「校内研修の充実」と示されているように、校内研修が挙げられる。

働き方改革のなか、なぜ、忙しい学校現場で、さらなる校内研修が必要なのかと思うかもしれないが、全教職員の力量向上は、働き方改革に直結すると考える。また、「GIGA スクール構想」は、とてつもなく大きな国のプロジェクトである。子どもたちが、予測不能な世の中に立ち向かっていくための資質・能力を身に付けていくためには、子どもたちを指導する教職員自身の力量向上が必須である。一度身に付いた力は一生ものと考え、自己研鑽に励みたい。また、なかには校外での研修に参加して、

自己の力量を磨いている教職員もいるだろう。しかしここでは、目の前にいる自校の子どもたちの資質・能力や、人的・物的資源の現状に着眼し、校内研修を大事に捉えていきたい。全教職員で自校の教育課程に関わる課題を見出し、教職員が相互に連携して解決していく過程で、子どもたちは育ち、学校文化は醸成され、学校は活性していく。

一方で、「1　教育課程の改善と学校評価等」には、次のように示されている。

> （略）また、各学校におけるカリキュラム・マネジメントの取組は、学校が担う様々な業務の効率化を伴ってより充実することができる。この点からも、「校長の方針の下」に学校の業務改善を図り、指導の体制を整えていくことが重要となる。（略）（下線筆者）

今次学習指導要領は、校内研修の重要性について記すとともに、業務改善の重要性についても言及している。年間を通して時間を見出し、見出した時間を活用して、計画的に校内研修を計画・実施したいものである。もちろん、業務改善にも ICT は威力を発揮する。効果的に使っていきたい。

現在、学校現場は、「GIGA スクール構想」の推進の他に、今次学習指導要領の実施、働き方改革の推進、新型コロナウイルス感染拡大の防止など、課題が山積している。あれもこれもやらなくてはならないと考えると、教職員は疲弊してしまう。そうではなく、校長のリーダーシップのもと、人的・物的資源を含めた学校現場の実態をしっかり捉え、効率的で自校にあった推進・実施の方法を見出し、学校の活性化や、教職員の資質・能力の向上、職場の協働性に寄与していきたい。

4　研修ツール「GIGA すごろく」

現在、各学校における ICT 活用に関わ

る校内研修は、手立ての伝達にとどまっていることが多いと聞く。その手立てを実行すると、どのような意義があるのか、実際の学習指導でどのような効果が見込めるのか等、様々な価値にまでコミットしていく必要がある。また、繰り返しになるが、「GIGAスクール構想」は、ICTに詳しい教職員だけが推進するものではなく、校長のリーダーシップのもと、全教職員で推進していくものである。「みんなで推進していくことが大切だ」「これなら、自分にもできそうだ」と、手ごたえを感じられる校内研修を仕組みたい。

この度、「GIGAすごろく」開発研究会が開発した「GIGAすごろく」は、「GIGAスクール構想」及び働き方改革の実現に向けて、自校や自己のICT活用に関わる現状を確認し、活用に対する意識改革と授業改善等の手立てや方向性を見出すための教員研修用ツールとなっている。

「はじめに」でも述べたように、「GIGAすごろく」には、「A 管理運用ゾーン」「B 授業づくりゾーン」「C 探究的利活用ゾーン」「D 業務改善ゾーン」の4つのゾーンがあり、各ゾーンは、「GIGA」及び「ICT」と書かれたマスの他、22個のマスで構成されている。マスには、ICT活用に関する望ましい考え方が記載されており、自校や自己の現状や、手立て、疑問、悩み、改善方法、アイディア等について対話することで進行する。

「自校は」「自分は」或いは「自校だったら」「自分だったら」と、自校や自己に焦点を当てて、対話をするので、発話をした時点で、自校の「GIGAスクール構想」の推進に参画したことになる。また、参加している自校の教職員から多様な意見や考え方を聞くことができるので、新たな知見や気付きを生み出し、ICT活用に関わる見通しや活用に対する意欲を引き出すことがで

きる。そして何より、手軽であるし、すごろく自体が楽しめるので、研修に笑顔が生まれる。

ICTが得意な教職員と苦手な教職員とを組み合わせて行えば、教え合いのきっかけになる。一方、推進メンバーだけで行えば、推進に関わる具体的な計画を立てることができる。同学年の教員で「授業づくりゾーン」を行えば、具体的な授業のイメージが沸く。グループ編制を工夫することで、学校が目指す推進の目的を達成することができるので、「GIGAすごろく」の活用は、「学校組織マネジメント」にとっても大変都合がよいものとなっている。

さらに、次のような活用も考えられる。
・本書の第2章から第5章は、88のマスに対応した考え方や手立てが記されているので、「GIGAすごろく」をしながら、本書を参照することができる。
・教育委員会等が主催する研修会に活用すると、自校だけでなく、他校の取組について知ることができる。
・ICT支援員の研修会で使用すると、学校の教育課程や仕組みについて情報交換や共通理解が図れるようになる。
・「教職課程コアカリキュラム」の内容に対応しているので、大学の授業でも活用できる。
・時間がないときには、「GIGAすごろく」のマスの内容を自校や自己の取組状況のチェックリストとして使用できる。
「GIGAすごろく」と本書を各種の研修会で、是非利用していただきたい。

（八釼明美）

1）筆者は2012年愛知教育大学学術情報リポジトリ「教職大学院修了報告論集」pp.349-358において、PDCAのDの中にさらに細かいpdcaがある「授業改善のツインマネジメントサイクル図」を作成している

1章

「GIGA スクール構想」の
背景と潮流

「GIGA スクール構想」の社会背景と ICT 活用の目的

1 「GIGA スクール構想」の社会背景

　「GIGA スクール構想」は、「1人1台端末と、高速大容量の通信ネットワークを一体的に整備することで、特別な支援を必要とする子供を含め、多様な子供たちを誰一人取り残すことなく、公正に個別最適化され、資質・能力が一層確実に育成できる教育環境を実現する」「これまでの我が国の教育実践と最先端のベストミックスを図ることにより、教師・児童生徒の力を最大限に引き出す[1]」ことを目指している（文部科学省）。また、「GIGA」は「Global and Innovation Gateway for All」の略であり、この名称のとおり、学校がすべての児童生徒にとって世界や革新に向けた出入り口となるよう、教育をしていくことが求められていると言える。

　この背景には、狩猟社会（Society1.0）、農耕社会（Society2.0）、工業社会（Society3.0）、情報社会（Society4.0）に続く、人工知能（AI）等の先端技術が高度化して、産業や社会生活に取り入れられた新しい社会である Society5.0 を目指していることや、急激に変化し、複雑で予測困難な時代となっていることがある。

　そのような時代には、「目の前の事象から解決すべき課題を見いだし、主体的に考え、多様な立場の者が協働的に議論し、納得解を生み出すことなど、正に新学習指導要領で育成を目指す資質・能力が一層強く求められている」（中央教育審議会）[2]と言われており、新型コロナウイルス感染症の感染拡大に伴い、社会の情報化が急速に加速し、感染拡大が収束した後も情報化の進展は止まらないと予測できることから、1人1台端末と情報通信ネットワークを活用した教育を行っていくことが必要となっている。

2 ICT 活用の目的

　ICT を活用する目的は、すべての児童生徒が学習指導要領で目指されている資質・能力を身に付け、予測困難な時代を生き抜いていけるように育てるためである。

　平成29（2017）年告示の学習指導要領で[3]、言語能力、問題発見・解決能力に加え情報活用能力（情報モラルを含む）が学習の基盤となる力として示されたことは、「主体的・対話的で深い学び」を実現するには情報活用が不可欠であるからといえる。そして、ICT を活用することで、より効果的な学びを実現できると期待できる。

3 「個別最適な学び」実現のための ICT 活用

　「特別な支援を必要とする子供を含め、多様な子供たちを誰一人取り残すことなく、公正に個別最適化」と、「教師・児童生徒の力を最大限に引き出す」ことの実現には、「指導の個別化」と「学習の個性化」が必要である。この2つを教師側の視点から整理した概念が「個に応じた指導」、学習者視点から整理した概念が「個別最適な学び」とされている（中央教育審議会）。

　多様な児童生徒全員が、効果的に学んでいくためには、それぞれの特性や学習の理解度や進度に応じた指導が必要であり、これまでも行ってきたことを、ICT を活用した「指導の個別化」によって、より効果的

に行うことが期待できる。例えば、漢字の読み取りに課題がある児童生徒には、画像認識機能を活用させて読みや意味を確認するように指導したり、ドリルソフトの学習データから個別に学習すべき教材を示したりすることなどが考えられる。

また、児童生徒が自身の学習が最適になるように調整する力を身に付ければ、自分の力で学力を高めていくことが可能になる。ICT端末に蓄積されている自身の学習の記録を振り返って、学習の仕方を工夫したり、学習用クラウドサービスで共有された他者の意見から学んで自分の考えをさらに深めたりなどすることで、一人一人の学習の質を高めることが期待できる。

評価の観点の一つである「主体的に学習に取り組む態度」は、「①粘り強い取組を行おうとする側面」と「②自らの学習を調整しようとする側面」の二つの側面（図参照）から評価する必要がある（文部科学省国立教育政策研究所[4]）。児童生徒に、自らの学習を調整するためにICTを活用させ、自立した学習者に育てることは、生涯にわ

たって学習し続ける力を身に付けさせることにもなる。

4 「主体的・対話的で深い学び」実現のためのICT活用

「個別最適な学び」と「協働的な学び」を可能とする授業を行い、自分の考えを表現し、他者と共有する活動にICTを用いることで、他者との対話、自己との対話の両方が行いやすくなり、学びが深まることが期待できる。また、教科の学習、探究的な学習や体験活動等でICTを活用することで地理的、時間的問題を克服して、同期または非同期で対話することが可能となる。

学習指導要領[3]で深い学びの具体的な姿として示されている「知識を相互に関連付けてより深く理解」「情報を精査して考えを形成」「問題を見いだして解決策を考え」「思いや考えを基に創造」などのための学習活動は、様々な情報を入手、記録、拡大縮小、共有、加工、表現等ができるICTを活用することで、より効果的なものになると期待できる。

（長谷川元洋）

1) 文部科学省「GIGAスクール構想について」https://www.mext.go.jp/a_menu/other/index_0001111.htm
2) 中央教育審議会「「令和の日本型学校教育」の構築を目指して〜全ての子供たちの可能性を引き出す、個別最適な学びと、協働的な学びの実現〜（答申）」https://www.mext.go.jp/content/20210126-mxt_syoto02-000012321_2-4.pdf
3) 文部科学省 『平成29・30・31年改訂学習指導要領（本文、解説）』https://www.mext.go.jp/a_menu/shotou/new-cs/1384661.htm
4) 文部科学省 国立教育政策研究所『学習評価の在り方ハンドブック（小・中学校編）』https://www.nier.go.jp/kaihatsu/pdf/gakushuhyouka_R010613-01.pdf

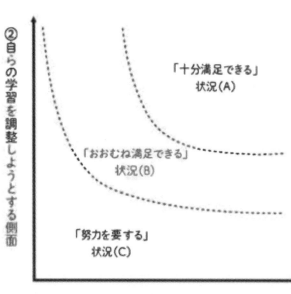

②自らの学習を調整しようとする側面

「十分満足できる」状況（A）

「おおむね満足できる」状況（B）

「努力を要する」状況（C）

①粘り強い取組を行おうとする側面

ICT活用による学習環境と学習評価の充実

1　深い学びを実現する学習環境

授業において、1人1台端末をどのように活用すれば、子どもたちが資質・能力を磨いていくような主体的・対話的で深い学びが実現していくだろうか。

主体的・対話的で深い学びの実現に1人1台端末環境が提供できるものとして、以下の3点が挙げられる。[1]

・違う考え方を統合して答えを作る「問い」の共有
・参加する学習者一人一人の考え方の「違い」の可視化
・問いへの答えを作る過程で考えたことの外化履歴とその表示

2　主体的な学びを引き出す

主体的な学びを引き出すためには、授業や単元の導入で、「どうしてだろう」「調べてみたいな」「考えたいな」と子どもたちに「問い」や「疑問」をもたせることが重要である。

そのために、様々なメディア教材が活用可能であろう。例えば、社会科で「日本の食糧生産の将来をどうすべきか」を考えさせるために食料自給率の現状に関する動画を見せて自分事として捉えさせたり、国語科でデジタル教科書の挿絵を使って情景をイメージさせたり、理科で目にすることができない電流の流れや状態変化の粒子モデルをシミュレートさせたり、算数で立体図形を動かして考えるべき視点を具体化させたりすることなどが挙げられる。

しかし、気を付けなければならないのは、教材の提示や共有に関して、「問い」や「疑問」をもたせ、考えを巡らせるという目的を忘れないことである。デジタル教科書をはじめ、入手可能なメディア教材は、丁寧に解答まで紹介しているものが多い。すべてを提供してしまうと、子どもたちが考える機会を奪い、単に覚えさせるだけになってしまう。どこまでの情報を共有させるのかが、授業設計のポイントとなる。授業を通して、一人一人なりの考え方をもたせられるように支援し、互いの違う考え方を出し合って納得できる答えとして統合させていきたい。

3　対話的な学びを引き出す

対話的な学びとは、自分の考えを他者の考えと比べることを通して、自分の考えを見直し、深めていくことである。そのような思考活動が一人一人のなかで起きるためには、学級内の一人一人の考え方がどう違うのか、「違い」が可視化されることが重要である。

そのために、1人1台端末で各自が考えを書き込み、それをクラウド上で共有することによって、他の友達の考えを知ることができるようになる。協働学習用アプリはそのような機会を提供する。

しかし、効果的に活用するために気を付けなければならないことが2つある。

一つは、自分の考えを端末上で「きれいにまとめる」ために、時間を費やしすぎてしまうことである。紙と鉛筆とは違い、豊かに表現することができるがゆえに、子どもたちも凝ったものを作成しようとしてしまう。学習活動としては一見、頑張っているように見えるが、思考しているのではな

く作業に夢中になっているだけである。大事なのは、子ども同士が「ことば」を発しながら対話を通して考えを比べ、その補助としてICT端末の書き込み内容の比較が存在する。そして、対話活動を通して、各自の考えが深まっていくことである。むしろ対話の後、納得した自分の考えを端末上に丁寧にまとめさせることで定着を図るとともに、学習評価の材料としていきたい。

もう一つは、子ども同士の考えの比較を、子どもたちが行うのではなく、教師が行ってしまうことである。協働学習用アプリでは、子どもたちの書き込みを一覧表示できるものが多い。一覧によって教師が子どもたちの活動状況を把握することができるのは机間巡視以上に便利であろう。しかし、そこで見比べた結果、より本時の目標に近い子どものまとめを教師が紹介してしまったり、指名して発表させてしまったりすると、単に正解を教え込んでいることと何ら変わりがない。そうではなく、各自や各グループがまとめた内容を、子どもたち自身で比較して深めていくような活動をさせることが深い学びにつながる。

4　深い学びにつなげる学習評価へ

1人1台端末を単発的に使うのではなく、単元を通して使っていくことによって、子どもたちがどのように考えを変容させていったかの履歴が残り、それを参照できるようになる。

このことは、学習評価を容易にする。学習評価とは、子どもたちの学びの変容を見取り、その見取りを生かしてより深い学びにつなげていくために、次の授業の内容や進め方を変えていくような授業改善に活用することが求められている。

これまでのワークシートやノートへの記録では、授業時間外に教師が手軽に子どもの多様さを見取ったり、変容を追ったりす

ることが難しかった。それが、クラウド上に記録されていくことによって、一人一人の変容をいつでも見比べることができるようになったのである。

また、これら変容の履歴を子ども自身見ることができるようになることで、自分の学びの成長を実感することができたり、他の友達の記録と比べたりすることで、新たに分からないことや知りたいことを発見することにもつながる。

しかし、何もかも記録していては、膨大な情報に埋もれてしまい、学習評価が逆に大変になってしまう。要所要所で意図的に考えやまとめを記録し比べやすくすることが、学習評価を効果的に実施できることにつながり、その結果、子どもたちの深い学びを支えていくことができるであろう。

5　一人一人の学びの軌跡を支えていく

今後、子どもたちの学びの成果が長期に渡って記録されていくことで、学年や担当教員をまたいで展開されていく同領域の単元内容において、前学年の学びの成果を共有・確認しながら、一人一人の学びの軌跡を支えていくような授業づくりと学習評価が可能となる。そのような活用が広がっていくことが期待される。

（益川弘如）

1）三宅なほみ・益川弘如（2014）「インターネットを活用した協調学習の未来へ向けて」、『児童心理学の進歩』53、pp.189-213

ICT活用の良さを活かすための留意点

学校教育の情報化が進捗するためには、ICT活用の「良さ」「強み」を活かすために留意しておきたい点がある。そのすべてを本稿で挙げるわけにはいかないが、以下に代表的な点について述べる。

1　自己決定・選択と挑戦・失敗が肯定的に許される文化

「学習」のメカニズムには、子どもと大人に共通点がある。構成主義的な学習観では「自己決定・選択」「挑戦・失敗」を通して熟達していく過程が大切にされる。子どもも大人も学びの主体となっていくためには、自己決定・選択と挑戦・失敗が肯定的に許される文化が大切となる。自分なりの課題を設定し、時に課題が分からない場合は、仲間と交流しながら課題を浮かび上がらせることで、「やらなければならないこと」としてではなく「やりたいこと」として、子どもにとっても大人にとっても「個別最適な学び」が生じる。そして、慣れていない学習・作業方法を行う際には、それまでのパフォーマンスは一度下がるだろうし、その後も停滞期・後退期は生じる。近視眼的な成果を追うばかりではなく、俯瞰的に「あるべき失敗」を肯定的にとらえることで、子どもも大人（教職員、保護者、ICT支援員等）もICT活用に挑戦し成長していきやすくなる。

例えば、「これはICTを使用しなくてもいい」と結果的に判断される取組だとしても、まずはやってみる過程が肯定される。やってみた結果どうだったかを自己評価・相互評価（形成的評価）して、次の課題を自己決定・選択する。

ICTがうまく活用できない子どもや教職員に対して、「個人を責める」のではなく、「そういうことがあって当然」と考え、子ども同士・教職員同士で支え合う協働的な学びを重視する価値観が共有されることが大切となる。それは、教育の情報化の対象である、①情報教育：子どもたちの情報活用能力の育成、②教科指導におけるICT活用：ICTを効果的に活用した分かりやすく深まる授業の実現等、③校務の情報化のいずれにおいても該当する。

一方、その挑戦での「失敗」は多様に想定され、「起きてはならない失敗」（人の命にかかわること等）は未然に防がねばならない。ICT支援員をはじめとした専門家の存在意義もそこにあろう。

2　教師ならではの、児童生徒への細やかな支援を行うためのもの

AIドリルをはじめとしたICTの機能は今後ますます発展していくであろうが、限界もある。ICTができることを追究することで、教職員だからこそできることが浮かび上がってくる。それは、たとえば、学習や生活およびそれらのつまずきに関する「意味」「文脈」であり、意味・文脈をふまえた学習・生活およびつまずきの克服の方法の発見・交渉であろう。それにより、子どもへの細やかな支援が行われ、子どもたちがインクルーシブな環境のなか、主体的・対話的に学んでいくことができる。

校務の情報化は、「業務の軽減と効率化」と「教育活動の質の改善」といった目的をもつものであるが、「教育活動の質の改善」はICTによるデータの蓄積だけで

は実現されず、「業務の軽減と効率化」により発生した時間的・精神的ゆとりをもって、蓄積されたデータを参照しながら、目の前の子ども（たち）の学習・生活の意味と文脈をともなった現状把握とつまずきの分析、そして指導・支援の計画・実施・評価・改善を進めていくことが実現されるであろう。「チームとしての学校」のチームメンバーの一員としてICTが存在すると考えてもよいかもしれない。

3　格差・不平等を解消するインクルーシブな場

PISA2018では、日本は授業内でのICT利用時間が短いこと、学校外では多様な用途で利用されているなかでチャットやゲームに偏っている傾向があることが分かっている。学習でのICT活用の環境・意欲・習慣の個人差や認知特性・行動特性の個人差がICT活用の得手不得手を作り出し、ICTの利用技術、情報リテラシー、そして教科等の学習内容についてますます格差が拡大していくことを想定し、それへの対応を準備しておくことが望まれる。

例えば、特別な配慮を必要とする子どもの支援におけるICT活用の考え方や方法は、ユニバーサルデザインとして一般的に広く活かすことができ、インクルーシブな教育の実現に寄与することであろう。その際、特別支援教育コーディネーターや養護教諭、特別支援学校のスタッフ等の学校内外の機関・スタッフとの連携・協働を進めていくことが有用である。

また、一定の期間内での学習や業務を目指すことも重要であるが、時間を可能な範囲で柔軟に運用し、ICTを活用した多様な学習や業務をしっかりと習得することを重視するマスタリーラーニングの発想を忘れずにいたいものである。

4　ネットいじめの防止・対策

ICT活用においては、学力等の格差拡大と同時に、「いじめ」の問題を避けては通れない。万全な対策など存在しないだろうが、これまでの知見を活かすことは重要である。それには各自治体で作成されているネットいじめの発見マニュアル等が役に立つ。

例えば、秋田県いじめ問題対策連絡協議会・秋田県教育委員会による「ネットいじめの未然防止・即時対応・事後対応リーフレット（学校向け）：防ごうネットいじめ守ろう子どもたち」では、ネットいじめの発見だけでなく、未然防止・即時対応・事後対応のそれぞれについてのチェックリストおよび相談・通報窓口が記載されている。自治体、学校、教職員がこのような情報を共有しておくと、リスクを少なくすることが期待できるであろう。

5　保護者との連携

子どもの成長は家庭環境に大きく影響を受ける。「GIGAスクール構想の下で整備された1人1台端末の積極的な利活用等について（通知）」では、1人1台端末の利用に当たり、保護者等との間で事前に確認・共有しておくことが望ましい主なポイントが記されている。

ポイントは、「1. 児童生徒が端末を扱う際のルール」「2. 健康面への配慮」「3. 端末・インターネットの特性と個人情報の扱い方」「4. トラブルが起きた場合の連絡や問合せ方法等の情報共有の仕組み」から構成されている。保護者と「ともに」子どもの育ちを支援していく体制づくりは、学校教育の基盤とも言えるであろう。

（杉原真晃）

探究的な学びを支援する
ICT・情報活用能力

1　今求められる探究的な学び

VUCA（Volatility：変動性・Uncertainty：不確実性・Complexity：複雑性・Ambiguity：曖昧性）という言葉で表現されるような、予測不可能な時代を生きていくためには、「正解を知っている」ことではなく、「妥当な解を探究し続ける」ことが求められる。

学習指導要領において「関心・意欲・態度」が「学びに向かう力、人間性等」という表現に改められたのは、この予測不可能な時代を生き抜くための資質・能力として「学びに向かう力」を育むことが重要になるからである。これからは、教師がいなくても、学校の外でも、社会に出てからも学びに向かうことができる力を育むことが求められる。

教科等の学びを通して、教科内容的な知識及び技能を習得させると同時に、思考力、判断力、表現力等や学びに向かう力を育む。このような目標を達成するためには、これまでの授業のあり方の変革が必要である。

探究的な学習過程は、総合的な学習の時間において、「課題の設定」「情報の収集」「整理・分析」「まとめ・表現」という学習過程がスパイラルに何度も繰り返されるものとして示されているが、これからはこのような探究的な学習を自律的に進めることができる児童生徒の育成が求められている。

これまではともすれば、「"教師が"課題を設定し」、「"教師が"適切な情報を収集して与え」、「子どもの発言を拾いながら"教師が"板書で整理・分析し」、「子どもの言葉を使いながら"教師が"まとめる」というような、教師主導の授業が行われる

ことが多かったかもしれない。教科等の内容をしっかりとおさえたり、学び方のモデルを示したりするという意味では、このような授業の形も引き続き重要であるだろう。

しかし、小学校6年生や中学生、高校生になっても、教師主導の授業を続けていては、児童生徒の「学びに向かう力」は育たない。「学びに向かう力」の育成のためには、子どもが課題を設定し、子どもが情報を収集し、子どもが整理・分析して、子どもがまとめ・表現するというような、自律的に学ぶ機会を与えることが求められる。

2　探究の基盤となるICT・情報活用能力

そして、そのような学びの実現には1人1台のICT端末と、「情報活用能力」が基盤として必要である。

例えば、これまでは、教科書以外からの情報収集のためには"教師が"情報収集の機会を設定し、パソコン教室に連れていくということが必要であったが、ICT端末があれば、子ども自身が必要なときに情報を収集することができる。このように学習の主体を児童生徒にすることが、「GIGAスクール構想」のねらいの一つである。同時に、ICTによって得られた情報をうまく扱うための「情報活用能力」の育成が求められる。

「情報活用能力」とは、学習指導要領において、「学習活動において必要に応じて①コンピュータ等の情報手段を適切に用いて②情報を得たり、③情報を整理・比較したり、④得られた情報を分かりやすく発信・伝達したり、⑤必要に応じて保存・共

有したりといったことができる力であり、さらに、このような学習活動を遂行する上で必要となる⑥情報手段の基本的な操作の習得や、⑦プログラミング的思考、⑧情報モラル等に関する資質・能力等も含むものである。（学習指導要領解説総則より、番号は筆者追記）」とされており、学習の際にICT端末を活用することのみならず、得られた情報を整理・分析して、まとめ、表現、保存・共有するなどの多種多様な資質・能力として定義されており、いずれも探究的な学びを進めるための基盤となるものであると言えるだろう。

ICTを自在に活用し、このような情報活用能力を発揮することによって、児童生徒主体の探究的な学びが実現されるのである。

3 探究的な学びを実現する

しかし、児童生徒が主体となった探究的な学びはいきなり明日から実践可能なものではない。そのような実践を実現するためには、以下のような順番での取組が必要となるだろう。

⑴ **ICTに慣れさせる、情報活用能力を育てる**

ICTに慣れてない児童生徒がいきなりICTを効果的に活用することは難しい。同様に情報活用能力を身に付けていない児童生徒がいきなり適切に情報を収集したり、集めた情報を適切に整理・分析したり、まとめ表現したりできるわけではない。教科等の時間やそれ以外の時間で、そのような基盤となる資質・能力を育て、発揮させる必要がある。

⑵ **児童生徒がICTを活用する、情報活用能力を発揮する機会を設定する**

ICTや情報活用能力は一度指導すれば活用できるわけではない。基本的な方法を指導すれば、それを発揮する機会が多くあることによって、活用可能な能力となって

いくと考えられる。しっかりと教えてから活用させるのではなく、活用させながら習得させられるように、各教科等において活用機会を多く設定することが重要である。

⑶ **学習の主導権を少しずつ渡す**

ICTの活用や情報活用能力の発揮の主体は児童生徒である。最終的には、どのような課題を設定するのか、その課題の解決のためにどのような情報が必要で、その情報はどこから集めるのか、といったことを児童生徒が決定し、実行できることが期待される。

そのような児童生徒の育成のためには、学習の主導権を少しずつ教師から児童生徒に移行していくことが必要である。いきなり全てを児童生徒に決めさせることは難しい。そのため、どのような情報が必要かは学級全体で考えるが、それをどう集めるかはそれぞれの児童生徒が決定する、課題は教師が決めるが、学び方は児童生徒が決定する、というように、児童生徒のICT活用、情報活用能力の状況に応じて、学習の主導権を少しずつ移行しながら、児童生徒が主体となった探究的な学びを実現することが求められる。

（泰山裕）

文部科学省（2017）『小学校　学習指導要領解説　総則編』東洋館出版社

特別な配慮が必要な児童生徒に対する ICT 活用

1　特別支援教育におけるICT活用の在り方

「GIGA スクール構想」では「特別な支援を必要とする子供を含め、多様な子供たちを誰一人取り残すことなく、公正に個別最適化され、資質・能力が一層確実に育成できる教育 ICT 環境を実現する[1]」とされている。

また、文部科学省は「障害の状態や特性やそれに伴う学びにくさは多様かつ個人差が大きく、障害のない児童生徒以上に『個別最適化した学び』≒『特別な支援』が必要」と述べ、特別支援教育における ICT 活用について、以下の2つの視点を挙げている[2]。

①教科指導の効果を高めたり、情報活用能力の育成を図ったりするために、ICT を活用する視点
②障がいによる学習上又は生活上の困難さを改善・克服するために、ICT を活用する視点

同じく文部科学省によると、前者は、「教科等又は教科等横断的な視点に立った資質・能力であり、障がいの有無や学校種を超えた共通の視点」であり、他の児童生徒と同様に実施される。後者は、「自立活動の視点であり、特別な支援が必要な児童生徒に特化した視点」であり、個々の実態に応じて実施されるべきものであるとされている[2]。後者の視点は、いわゆる合理的配慮における ICT 活用と関連すると捉えることができる。

ここで合理的配慮とは、「障害者が他の者と平等にすべての人権及び基本的自由を享有し、又は行使することを確保するための必要かつ適当な変更及び調整であって、特定の場合において必要とされるものであり、かつ、均衡を失した又は過度の負担を課さないもの」(障害者の権利に関する条約第2条)である。ICT が発展すればするほど、「過度の負担」を課さずに「必要かつ適当な変更及び調整」ができると思われ、合理的配慮の実現における ICT の果たす役割は大きいと考えられる。

さらに、2021 年にまとめられた「新しい時代の特別支援教育の在り方に関する有識者会議報告」でも、その報告の柱の一つとして「ICT 利活用等による特別支援教育の質の向上」が挙げられている。この報告では、特別支援教育における ICT の活用について、指導内容の充実、障害者の社会参画の促進、QOL（Quality of life：生活の質）の増進、教師の負担軽減・校務改善等の幅広い観点を踏まえて、バランスよく着実に対応すべきであると述べられている[3]。

また、セキュリティなどに配慮しつつ、関係機関の連携と情報の共有にも ICT 活用を検討する必要性が指摘されている。

2　特別支援教育における具体的な ICT 活用例

具体的な活用例については紙面の関係上紹介できないが、文部科学省や国立特別支援教育総合研究所等からも障がい種別の ICT 活用方法は提案されている[2][4]。また、発達障がいの児童生徒に関しては、「ICT の活用による学習に困難を抱える子供たちに対応した指導の充実に関する調査研究」の成果として、特別支援学級編、通級指導教

室編、通常の学級編に分けてハンドブックが出されており、Web上でも閲覧できる。[5]

そして、近年、特別支援教育におけるICT活用の実践研究が着実に進められている。その成果の一部は、各地方自治体の教育委員会による実践研究の報告書が各ホームページ上で公開されていたり、実践事例を集めた書籍も多数出版されていたりするので参照されたい。

３　児童生徒の多様なニーズに応える

前述した特別支援教育におけるICT活用は、特別な配慮が必要な児童生徒のなかでも、障がいのある児童生徒への支援について扱ったものであるが、学校には他にも特別な配慮が必要な児童生徒がいる。以下に、特別な配慮が必要とされる児童生徒の例を述べる。

⑴　**外国にルーツをもつ児童生徒への支援**

外国にルーツをもつ児童生徒も、日本の学校のなかで、教科書使用等に抱えている困難さが大きいことが報告されている。そして、彼らへの支援を考える場合にも、音声教材や学習者用デジタル教科書等のICT活用が期待されている。[6]

⑵　**不登校の子どもたちへの支援**

第２章A07で詳しく述べるが、不登校の児童生徒への支援におけるICT活用についても積極的に議論されるようになってきており、今後の活用が期待されている。[7]

４　まとめ

これまで述べてきたように、特別な配慮が必要な児童生徒への支援においてICT活用は必要不可欠である。そもそも個別最適化という言葉が「幼児児童生徒一人一人の教育的ニーズを把握し、その持てる力を高め、生活や学習上の困難を改善又は克服するため、適切な指導及び必要な支援を行うもの」という特別支援教育の理念と通ず

るものであると考えられるため、GIGAスクール構想において、特別な配慮が必要な児童生徒に対するICT活用は促進されることが期待される。

（小倉正義・辻歩実）

1) 文部科学省「GIGAスクール構想について」https://www.mext.go.jp/a_menu/other/index_0001111.htm
2) 文部科学省「特別支援教育におけるICTの活用について」https://www.mext.go.jp/content/20200911-mxt_jogai01-000009772_18.pdf
3) 文部科学省（2021）「新しい時代の特別支援教育の在り方に関する有識者会議報告」https://www.mext.go.jp/b_menu/shingi/chousa/shotou/154/mext_00644.html
4) 国立特別支援教育総合研究所（2016）「特別支援教育でICTを活用しよう」http://www.nise.go.jp/cms/resources/content/12589/20161205-143141.pdf
5) 文部科学省（2014）『発達障害のある子供たちのためのICT活用ハンドブック』https://www.mext.go.jp/a_menu/shotou/zyouhou/detail/1408030.htm
6) 文部科学省「外国人児童生徒等における教科用図書の使用上の困難の軽減に関する検討会議報告書」https://www.mext.go.jp/a_menu/shotou/kyoukasho/1419671_00001.htm
7) 文部科学省（2021）『不登校に関する調査研究協力者会議（令和３年度）通知・報告書』https://www.mext.go.jp/b_menu/shingi/chousa/shotou/108/001/toushin/mext_01151.html
8) 文部科学省（2011）「特別支援学校施設整備指針」https://www.mext.go.jp/b_menu/shingi/chousa/shisetu/013/toushin/1303684.htm

1人1台環境がプログラミング教育を加速する

1 我々の生活とプログラム

今や、私たちが日常的に使っている様々な機器—冷蔵庫、自動車、スマートフォンやゲーム機など—にコンピュータが組み込まれている。様々な機器にコンピュータを組み込むことができるのは、それ自体は汎用的なものとして設計されているおかげであるが、その分、それぞれの機器の機能に合わせてどのように動作させるのかを別途コンピュータに示す必要がある。それを記したのがプログラムである。「冷蔵庫の扉が開くと庫内のライトを灯ける」「扉を開けっぱなしにしているとアラームを鳴らす」のように動作するのは、冷蔵庫のセンサーや内蔵されているタイマーの状態をコンピュータがチェックして、状況に合わせてライトやアラームを動かすようにプログラミングされているからである。

2 プログラミング的思考の育成

小学校におけるプログラミング教育では、プログラミング的思考を育成することが目標となっている。「プログラミング的思考」とは、「自分が意図する一連の活動を実現するために、どのような動きの組合せが必要であり、一つ一つの動きに対応した記号を、どのように組み合わせたらいいのか、記号の組合せをどのように改善していけば、より意図した活動に近づくのか、といったことを論理的に考えていく力」とされる。

先の冷蔵庫の例で言えば、「扉を開けっぱなしになっているとアラームを鳴らす」という一連の活動を、「扉が開いているか

どうかをチェックする」や「もし扉が開いたらタイマーをスタートさせる」「タイマーを確認する」「もし指定された時間が過ぎていたらアラームを鳴らし、そうでなければ再度タイマーの確認に戻る」のように個々の動きに分解し、分解したものを適切な順序に並べたり［順次］、「もし〜なら…、でなければ…」のように状況を場合分けして考えたり［分岐］、ときには同じ動きを繰り返したり［反復］、などの組み合わせを対応するプログラミング言語で記述し、改善していく。それに必要な力がプログラミング的思考である。[2]

プログラムを作るときには、一つ一つのステップを、もれなく、正確な順番で示していくような頭の使い方—ちょうど数学の証明問題に答えるような—が求められる。プログラミングという活動を通して論理的に思考することになり、「論理的に考えていく力」が育つと期待される。

3 プログラミングと創造的思考

プログラミングを通して学びうるのは、論理的思考力だけではない。創造的な思考力や課題解決力もまた学びうる。

プログラミングは、ものづくりである。幼児期の子どもを見ていると特に分かるように、子どもたちは何かを作るのが大好きである。没頭し、自分の知識やスキル、経験をフル活用して、試し、考え、ときに協働して、うまくいかなくても根気強く取り組み、自分の思いを形にしていく。プログラミング教育は、そのような学びの場となる。[2]それは、幼児教育における遊びを通した学びや、小学校の図画工作科の『造形遊

び』、音楽科の『音楽づくり』等での学びと同じである。それは非常に探究的なプロセスである。

一方、プログラミングは技術でもある。プログラミングを学ぶことを通して、中学校技術分野の目標にあるように、プログラミングについての知識・技能を得るとともに[3]、生活や社会のなかにある課題について「プログラミングによって解決できそう」と見通し（『プログラミング的なものの見方』と言って良い）をもち、実際にプログラムを作りながら課題解決する力を身に付けることができる。

4　プログラミング教育に対する戸惑いと期待される姿

小学校でもプログラミング教育が始まって数年が経過し、実践事例も蓄積されてきた。技術分野のなかで教えることになっている中学校はともかく、多くの小学校教員は「何をしていいかわからない」「何を教えれば良いかわからない」とまだまだ戸惑いがあるのが実際だろう。

上述したようにプログラミングは課題解決のためのツールである。教師が何かをするというよりも、児童生徒にとってプログラミングが課題解決の方法の一つとして習得され、課題に出会った際にプログラミング的なものの見方を発揮して「これはプログラムを作ることで解決する」と感じたときに自分で選択して使用する、という状態になることが望ましい。例えば、学んだことをまとめる方法の一つとして、ある児童は模造紙にまとめ、ある児童はプレゼンテーションソフトを使い、ある児童はプログラミングツールの一種であるScratchをつかって表現する、のような状態である。「GIGAスクール構想」により1人1台端末を持つことになり、「文房具として」それらを使うことが推奨されているのと同様

である。

5　プログラミング教育の実践に向けて

それでは、基本的なプログラミングスキルはどのように育成すれば良いのだろうか。小学校であれば、「小学校プログラミング教育の手引[1]」に示された学習活動のC分類に相当する活動を通じて、自由にプログラムを作る体験から入るとよい。その際にも教師が何か教える必要はない。

市川[4]の提案する探究学習のように、「なんとなく」から始めるとよいだろう。なんとなく好きな絵を描いて動かしてみる、なんとなく気になった機能を使ってみる、というところから始めていると、次第にやりたいことが立ち上がってくる。使い方が分からなければ、試してみたり、人に聞いたり、自分のICT端末を使って検索したりする。このようにして力を培い、教科での学びや総合的な学習の時間での学び、中学校への学びをつなげていく。

プログラミングを学ぶこと自体を答えのない問いと捉え、児童生徒と共に考え、探究していくことで、論理的思考力、創造的思考力、課題解決力が身に付いていくと期待される。

（藤原伸彦）

1）文部科学省（2020）『小学校プログラミング教育の手引（第三版）』
2）藤原伸彦（2021）「プログラミングを通した問題解決能力の育成」、鳴門教育大学プログラミング教育研究会（編著）『今こそ知りたい！学び続ける先生のための基礎と実践から学べる小・中学校プログラミング教育』第4章、ジアース教育新社、pp.76-91
3）文部科学省（2017）『中学校学習指導要領（平成29年告示）』
4）市川力（2021）「みつかる＋わかるスパイラルで探究をデザインする」、ネットワーク編集委員会（編著）『授業づくりネットワークNo.39 探究する教室』、学事出版

ICTを活用した
授業改善と校内研修

1 「教えてもらう授業」から「学びとる授業」へ

　自ら考え主体的に行動できるための資質・能力を育てるためには、目標を達成したいと思う強い意欲や自分にもできそうだという自己肯定感、仲間と協力しながら問題を解決するといったコミュニケーションの力などが必要となる。

　では、授業をどう改善するべきだろうか。一言で言えば「教えてもらう授業」から「学びとる授業」への改善ということになる。つまり、教師がどのように教えるかといった授業設計ではなく、一人一人の子どもたちがどのように学びとれるのかといった授業設計にするのである。

　そのためには、まず必然性の高い学習課題を協働して解決するような「めあて」が必要となる。たとえば、社会科学習において、郷土の偉人が残した史跡の写真をもと

に、「なぜ作ったのか？」「どうやって作ったのか？」といった子どもたちの問いから学習課題を設定する。

　次に、課題解決のための少人数による「対話」を学習のなかに位置付ける。すると、子どもたちはその過程で仲間と協働せざるをえなくなり、相互作用が促される。また、教えたり発表したりする内容を充実させようとすれば、自ずと知識や技能を獲得するようになっていく。

　だが、このような活動中心の授業では、ややもすると学習内容や学習方法が曖昧になってしまう。そこで、教師は学習の「振り返り」を確実に行わせる必要がある。それは「楽しかった」「難しかった」といった授業の感想ではない。「自分たちは何を学んだのか」といった内容知と「自分たちの学び方はどうだったのか」といった方法知を省察することである。その活動のなかで自己評価や相互評価を行っていく。

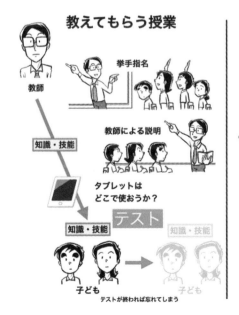

教えてもらう授業

教師　挙手指名

知識・技能　教師による説明

タブレットはどこで使おうか？

知識・技能　テスト　知識・技能

子ども　子ども

テストが終われば忘れてしまう

学びとる授業

めあて　リアルで必然性のある課題　協働して解決できる課題

対話　他者の尊重　自分の考えを外に出した相互作用

学びに向かう力　人間性の涵養

思考力・判断力・表現力

知識・技能

振り返り

内容知（学習内容）　方法知（学習方法）

子ども　形成的評価

学習内容だけではなく学習方法も身に付ける

また、教師は子どもの振り返りの記述を
よく読んで形成的に評価していく。「○○
さんの～といった発言が良かった」「○○
さんが私の話をよく聞いてくれた」といっ
た友達への評価を促していけば、協働的な
学習はさらに促進され、互いの意見を尊重
する集団の意識も高まっていく。

このような「学びとる授業」においては、
情報収集や対話、発表や表現活動、さらに
は振り返りの活動においても、ICT端末は
極めて有効な学習の道具として働いていく。
「教師が教える授業」を完全に否定するも
のではないが、「子どもたちが学びとる授
業」への改善が求められているのである。

2 教師集団がICT端末で学び合う校内研修へ

「学びとる授業」を創造していくために
は、学校全体の取組が求められる。なぜな
らば、教師のICTスキルによって学級間・
学年間で差が生じていては、子どもたちの
資質・能力を育てることは難しいからだ。
例えば、小学校3年生でICT端末を活用
した「学びとる授業」が実現していても、
4、5年生で行われなければ、資質・能力
は育たない。

したがって、これまで以上に、学校全体
で教育計画を立て、学習活動の実施状況に
基づいて評価・改善を行いながら教育活動
の質を向上させていくカリキュラム・マネ
ジメントが求められる。また、教師自身が
「学習者としての経験」をすることが何よ
りの「授業研究」となる。

そのためには、教師自身がデジタル機器
を活用しながら協働して問題解決を行って
いく活動を日常化し、子どもたちと同じよ
うに「めあて」「対話」「振り返り」といっ
た学習のプロセスを経験することが効果的
である。例えば、教育計画を作成するとき
は、教育目標（めあて）の実現のためにデ

ジタル機器を使って意見交換（対話）し、
評価・改善（振り返り）を行うようにして
いく。授業研究会では、研究授業の「良か
った点」や「改善点」を、デジタル機器を
使って一枚のシートに全員が同時に記入し、
対話によって意見交換を行うことで、意見
の集約が効率的に行われる。また、対象と
なった授業そのものの評価にとどまらず、
そこから得られた知見を一般化し、自分の
授業にどのように活かすかといった振り返
りまで発展させることによって、学校全体
の授業改善が促されることになっていく。

こうした教師集団の学びの在り方は、そ
のまま子どもたちの学びの在り方に反映さ
れる。つまり、子どもたちに求められる力
は、教師集団にもそのまま求められるので
ある。

なお、教職員支援機構の動画教材に授業
改善[1]や校内研修[2]の例を紹介しているので参
照いただきたい。

（前田康裕）

1) 教職員支援機構「授業におけるICT
   活用～ICTを活用した授業改善～」
   （前田康裕）https://youtu.be/b-F-
   Sk7hB-Y

授業改善

2) 教職員支援機構「授業におけるICT
   活用～校内研修の改善～」（前田康
   裕）https://youtu.be/Oo95_
   zACq6E

校内研修

「GIGA スクール構想」の実現における管理職の役割

1　管理職の新たな悩み

　急速な勢いで始まった「GIGA スクール構想」は、ある種トップダウンの構造にも見えるが、様々な観点から、教育現場への大きな布石が打たれたともいえる。

　最も大きな部分としては、校長が教諭時代にほとんど経験したことのない仕組みで、授業が行われていくことである。これまで学校教育では、時代の変化と共に、新しい教育観、新しい教育方法、新しい教育内容が少しずつ取り入れられ、そのための準備期間が比較的ゆったり確保されていることが多かった。

　当初「GIGA スクール構想」も数年かけて少しずつ準備ができるはずだったが、新型コロナウイルス感染症による一斉休業措置等により、それらが一気に進められた。学校教育の根幹に関わるような内容さえ、短時間で変更されていった。

　現時点では、ほぼ全ての学校でICT 端末と高速ネットワークが整備できている。

　児童生徒の机の中に常にICT 端末が入っており、授業中には、それらを活用する場面を組み込み、紙とデジタルの教科書を使い分け、家庭に持ち帰ったICT 端末で宿題や自由課題を行うといった一連の活動を、管理職が的確に評価し、指導助言できるのであろうか。

　実はこの部分が、大きな課題である。多くの管理職は自らの経験則が教育の信念と重なり、子どもや教職員、学校をどのようにしていきたいかというビジョンをもっているはずである。ところが、自らの経験にない部分が、教育現場の多くを占めるようになってくると、大きく混乱するのは当たり前である。

　「GIGAスクール構想」は、国が推進する大きなプロジェクトではあるが、「やらされ感」を管理職が後押しするのは好ましくない。重要なのは、「なぜGIGA スクール構想が必要であったか」という部分である。

　これについては、これまでも研究者や実践者あるいは担当指導主事が、話をしてくれているので、目や耳にすることも多いと思われる。日本がどんな国を目指し、そのためにはどんな力を付けることが必要であるかといった大枠での話を、管理職はまず理解しておく必要がある。

　そしてその具体的な部分を各学校現場の授業の中で少しずつ実現していくことが求められている。そのことを考えると、管理職が授業中の細かいことについて助言ができないという悩みは少し違うのかもしれない。つまり、具体的指導をすること以上に、「GIGA スクール構想」の根幹の話と目の前の授業の話をつなげて話すことが、学校としての方向性を示すことになるのではないかと思う。

2　GIGA で変わる授業観察の視点

　校長はだいたい毎日、各教室の授業の様子を見て回っている。「GIGA スクール構想」が始まって以降、校内巡視をしている学校長は、見ている状況が変化したかどうかを考えてみる。ICT 端末があるのだから、それらをとにかく使っているかどうかという視点もあると思う。

　初期段階では、使っている姿を見て安心するというのもあるだろう。または、「わ

ざわざタブレットを使う必要があるのか」であったり、「もたもたして、やるべきことの半分もできていない」であったりして、否定的に評価してしまうことがあるかもしれない。それらの原因は色々あるだろうが、とにかく使おうとしていることは良いかもしれないが、いつまでもその状態では困る。早く次のステップに移行していく必要がある。

次のステップとしては、これまで行ってきた授業が、ICT端末を使うことで、広がりや深まりを見せたのかという視点である。例えばこれまで紙のノートに書くだけの個々の感想や意見が、学習支援システムにより、学級全体で瞬時に共有でき、それを踏まえた話し合いが実現できるという授業が展開されていたとしたら、それは、ICTでこれまでの授業が広がりを見せたということになる。そしてその結果、児童生徒の学ぶ意欲が引き出され、思考が深まったのであれば、授業目標に到達する児童生徒が増えることになる。

さらに、デジタルならではという視点では、新たな価値や役割が生じるはずである。「GIGAスクール構想」では、学習指導要領の理念にあるように、授業を行う主語が教師から児童生徒に変化している。その結果、これまで一斉授業やアナログではできなかったことが、実現可能となる。まさにこのことが、個別化や個性化につながる一つのきっかけとなる。

3 授業の中の新しい価値を見つける

ICT端末を使った授業をするなかで、よく聞かれる言葉に、「効果的な活用」というものがある。これまで様々な教育機器や教材により、それらを効果的に使うということをしきりにこだわってきたために、このような言葉が改めて話題になる。意図はよく分かるが、それらは前述したような

「わざわざタブレットを使っただけで、そこに使う理由があったのか」ということを示すことに繋がる。

ICT端末を単なる新しい教育機器だと捉えるだけでは、不十分である。それは、端末はネットワークでつながっていることに新しい価値があるからである。

そして、教科や単元に大きく左右されるような活用ではなく、下の表のように、授業全体の流れの中で、教科や単元の目標や内容に依存しない使い方となるような位置付けがある。

・個人が既有知識を確認する場面
・グループで話し合いをする場面で、自分の集めた資料や意見を基に議論する
・振り返りを蓄積し、それらを見ながら次時のめあてにつなげる場面

つまり、ICTを活用した実践の中で、教科や領域ごと、あるいは単元に依存した内容が強調されすぎないように整理しておくことが必要である。

校内巡視が終わったら、是非授業者に対し、「あの使い方、面白かったね」「子どもたちの反応がよかったね」などの言葉がけの他に、授業展開の中で他の教材・教具とICT端末をうまく関連させて利用していた場面の感想も伝えたい。

4 管理職にできること

実際のところ自治体間には格差があり、すべての学校が同じように環境整備が進み、授業者が思い通りにICT端末を使える環境とは言いきれない。校内のICT環境が不十分なために、苦労している状況を教育委員会に直に伝えることができるのも、管理職の大きな役割である。

特に家庭におけるWi-Fi環境の整備等については、教育委員会と協力してその解決の糸口を見つけてほしいものである。

(中川斉史)

探究的な学びを深め・広げる
校内外の図書館活用

1　探究的な学びを支える学校図書館

　１人１台の端末により、児童生徒は多様で大量の情報を扱えるようになったが、紙の図書などの「アナログ」と、ネット検索などの「デジタル」のそれぞれの長所を活かした、バランスの取れた探究的な学びが当面は必要であろう。

　文部科学省によると、学校図書館は、単なる読書活動や読書指導の場としての「読書センター」の機能だけでなく、学習活動の支援や授業を豊かにする「学習センター」の機能や、情報ニーズへの対応と情報活用能力を育成する「情報センター」の機能を有するとしている[1]。探究的な学びにあたっては、全ての教員が個々の児童生徒の疑問に対応し個別に指導するには限界があるため、司書教諭や学校司書とも連携し、学校図書館の「学習センター」と「情報センター」の機能を充実させ、学校全体で児童生徒の支援並びに授業を行う教員の支援が望まれる。

2　公共図書館との連携で図書の充実

　探究的な学びにおいて、学校図書館で図書を探すことは最初の重要なステップの１つである。蔵書は「日本十進分類法」に基づき整理されているので、大まかな分類記号と配置場所について、掲示で遠まわしに知らせるだけでなく、その仕組みに関して意識的に系統立てて伝えることも大切である。

　一方、文部科学省が定める蔵書数の標準に照らし合わせると、令和元年末で小学校の約３割、中学校の約４割が満たしていな

いなど、十分な環境とは言えない。また、急な社会の変化により内容が経年劣化している図書も増えていると考えられる。従って、十分な蔵書数で児童生徒に探究させるためには、文部科学省も求めている通り、公共図書館との連携・協力が必要不可欠である。

　既に地域の公共図書館を巻き込んで委員会を立ち上げ、図書の貸出しサービスなどを受けている地域もあるが、すぐに実現できる比較的簡易な方法は、インターネットで公開されている公共図書館の検索サービスの活用である。蔵書をデータベース化し検索可能にしている小中学校は令和元年度末で７割強しかないが、公共図書館はOPACと呼ばれるデータベースで蔵書を管理・公開しており、児童生徒でもネット検索で簡単に調べることが可能である。さらに、例えば「カーリル」というサイトでは、地域の複数の図書館を一括して検索でき、図書館にもよるがリンクを辿ることで貸出しを予約することもできる[2]。

　インターネットによる図書の検索は、教員が児童生徒の代理で行うよりも、１人１台端末を利用して児童生徒が直接検索できるよう指導する方が、情報活用のスキル向上に大いに貢献できると考える。また、文章から連想される図書を紹介するサイト「WebcatPlus」や検索キーワードを工夫するための類語辞典の活用なども効果的であろう。

　さらに、近年では電子図書館サービス（スマホやPCから、ネットを通じて図書を借り、そのまま読めるサービス）を扱う公共図書館も増えている。登録に際して保

護者の協力を得なければならない場合もあるが、児童生徒自身のICT端末で図書を検索しそのまま閲覧できるようになれば、情報収集の効率化につながる。例えば徳島県立図書館では、「電子書籍閲覧サービス学校向けページ」を公開し、県立学校限定ではあるがサービスを行っている。

３　レファレンスサービスの活用

図書館（学校図書館）には、司書（司書教諭、学校司書）が探し方の指導や、児童生徒の興味関心に即した図書を提案してくれるサービス（「レファレンスサービス」と呼ぶ）がある。授業で児童生徒が行う情報収集においては、司書教諭や学校司書の協力を得られることが望ましいが、同時に多人数の児童生徒が質問に来た場合は全員に丁寧な対応をすることはできない。

これに対し、インターネットには、過去にあった質問をまとめたサービスもある。例えば国立国会図書館が運営する「レファレンス協同データベース」は、キーワードでレファレンスの事例を検索できるサービスである。児童生徒が直接利用できれば、さらに情報収集力の向上につながる。

４　パスファインダーの活用と制作

公共図書館では、特定のテーマ（キーワードや人物・物事など）を調べるのに役立つ情報源や図書資料、探し方をまとめた資料（「パスファインダー」と呼ぶ）をホームページで提供している所も多い。通常のネット検索で「パスファインダー　○○」（○○は調べたいキーワードや人物・物事など）と入力して探すことが可能である。また、住んでいる地域の特産物や行事であれば、近くの公共図書館のホームページで公開されている可能性が高い。なお、多くの「パスファインダー」は、掲載している図書館の蔵書を中心にしているため、遠隔

地の図書館の場合は当該図書を入手できないこともあるので注意が必要である。

よくあるテーマについて教員や司書教諭、学校司書が「パスファインダー」を事前に作成して探究的な学びを支援する方法もあるが、児童生徒に作成させる指導ができると、自身の情報収集活動の振り返りにもなり、情報活用能力の向上にもつながると考えられる。

５　学校図書館の支援サイトの活用

学校図書館を活用した実践事例の紹介や活用支援は、一般の公共図書館でもホームページを通じて公開されている。例えば、鳥取県立図書館は「学校図書館支援センター」というホームページを公開し、学校種や学年、教科を明示して実践例を紹介している。

また、東京学芸大学では「先生のための授業に役立つ学校図書館活用データベース」を公開し、実践事例だけでなく、学校図書館にまつわる最新情報や「テーマ別のブックリスト」などを提供している。

(奥村英樹)

1）文部科学省「学校図書館ガイドライン」 https://www.mext.go.jp/a_menu/shotou/dokusho/link/1380599.htm
2）（株）カーリル「カーリル」https://calil.jp/
3）国立国会図書館「レファレンス協同データベース」https://crd.ndl.go.jp/
4）東京学芸大学「先生のための授業に役立つ学校図書館活用データベース」https://www2.u-gakugei.ac.jp/~schoolib/

ICTの整備・活用のための組織と支援

1　「GIGAスクール構想」を支える国の取組

　令和3年（2021年）は「GIGAスクール元年」と呼ばれ、1人1台のICT端末と校内ネットワークの整備が全国で進み、本格的な活用が推進された。各自治体では、文部科学省の指針を元にして、ICT端末やアプリ等の選定、ネットワーク環境のアセスメントや構築、改善が行われた。学校においても、教師のみならず学習者のICT活用へとシフトするための研修や様々な校内体制の整備が行われた。

　また、「GIGAスクール構想」は、新型コロナウイルス感染症の拡大による学びの保障を行うための大きな手段の一つでもあることから、数年かけて行う計画を前倒しして小中学校全ての児童生徒にICT端末が貸与されることとなった。これにより学校の情報化が一気に進む結果となった。

　このような大きな変化に対応して、文部科学省では、先進的に取り組んでいる全国の自治体の好事例をウェブサイトで公開している。[1] 各自治体によって、ICT端末の種類やOS、アプリ等も異なることから、様々な場合に対応できるような情報が掲載されているので参考にしたいものである。

　また、「GIGAスクール構想」は、ICT環境の整備に伴い、その基礎的な操作方法やアカウント情報等の各種設定については専門的な知識も必要となる。これらが円滑に進むように、様々な支援が考えられている。本稿においても、そのいくつかについて紹介したい。

2　ICT活用教育アドバイザー

　各自治体や教育委員会等からの相談に対応するために、ICT活用教育アドバイザー[2]を活用することができる。「1人1台端末を使った効果的授業ってどう工夫できる？」「教師にも、保護者にも、安心できる持ち帰りをするには？」「遠隔授業を実施して、教育の情報化を促進するには？」といった悩みや疑問に答えてくれるアドバイザーが登録されており、様々な要望に対応することができる。ポータルサイトでは、100名以上のアドバイザーが登録されている。「端末整備」「ネットワーク」「セキュリティ」など、対応可能分野毎でも検索することができる。[3]

3　ICT支援員のサポート

　令和3年8月23日に文部科学省から各都道府県教育長等に「学校教育法施行規則の一部を改正する省令の施行について（通知）」が発出された。この中で、「教育活動その他の学校運営における情報通信技術の活用に関する支援に従事する情報通信技術支援員」として、ICT支援員についての記述が学校教育法施行規則に位置付くこととなった。「GIGAスクール構想」の推進を進めていくうえで欠かせないサポーターである。

　実際の業務は、授業関連、校務関連、環境整備関連、校内研修の4種がある。授業関連では、ICT機器を使った授業でのICT機器等の準備・片付け、ICT機器のメンテナンス等が考えられる。校務関連では、校務支援システムの操作支援、出欠入力等が

考えられる。環境整備関連では、障害トラブル時の切り分け、トラブル対応、ICT機器・ソフトウェアのバージョン管理等が考えられる。校内研修では、アプリや機器操作等の研修運営や補助等が考えられる。

定期的な訪問や、研究授業時における補助、日常的なICT活用に関する相談、さらには他校における活用に関する情報を共有してもらえるなど、学校との連携を密にしていくことが重要である。

4 運営支援センターの役割

「GIGAスクール構想」の推進にあたっては、教育委員会のみならず、民間事業者とも連携を取りながら課題解決を図っていくことが考えられる。

令和4年度（2022年）からは、「GIGAスクール運営支援センター[4]」の取組がはじまり、教育委員会や学校を力強くサポートする体制の構築が進んだ。例えば、主な事業として「端末・ネットワーク・セキュリティ等の対応サポート」「教師・事務職員・支援人材ICT研修」「可搬型通信機器広域一括契約」「学びのDXに向けたコンサルティング[5]」が挙げられる。教育委員会からの委託を受け、学校とやりとりしながら、課題や実情に応じて必要な支援を組織的・安定的に提供することができる。

アカウントの年度更新作業やネットワークトラブルに関することなどは、教育委員会だけでなく専門的な知見からの支援が欠かせない。学校・教育委員会・運営支援センターの連携によって、「GIGAスクール構想」の一層の推進が図られていくことだろう。

以上のように、「GIGAスクール構想」の実現においては様々な支援体制の構築が行われている。これまでにない変化を踏まえ、各自治体や教育委員会、そして学校でも試行錯誤の取組が行われている。着実に活用促進をするためにも参考にしていきたいものである。

（堀田雄大）

1）文部科学省（2022）「StuDX Style」https://www.mext.go.jp/studxstyle/special/2.html（2022.12.12時点）

2）教育の質の向上に向けて、ICT環境の効果的な活用を一層促進するため、指導方法、方針の策定等専門的な助言や研修支援などを行う

3）文部科学省ICT活用教育アドバイザー事業ポータルサイト https://ictadvisor.mext.go.jp/advisors/（2022.12.12時点）

4）専門性の高い技術的支援等を安定的に提供したり、メーカー等と連携して、故障時の対応をするなど、地方自治体から業務委託された民間事業者等のこと

5）文部科学省（2022）「令和5年度概算要求主要事項」（2022.12.12時点）https://www.mext.go.jp/content/20220829-mxt_kouhou02-000024712_5-1.pdf

2章

ICT端末の管理・運用

概説　子どもたち一人一人（家庭）が　自ら管理・運用できることを目指す

1　本章の基本的な考え

「管理運用」の最終的に目指すところは、子どもたち一人一人が学びに役立つ道具としての認識のもと、家庭においても自らICT端末を管理・運用できることが当たり前になっていることである。したがって、本章で紹介した取組のゴールは、ただ学校や教師が管理・運用できるようになることではなく、その先があることを確認しておきたい。

現時点では、上記のように真の意味での個人のICT端末での活用ができるまでの過渡期と捉えたうえで、「GIGAすごろく」の本ゾーン（「管理運用」ゾーン）では、まずは学校・教師個人が両立場で管理・運用できるようになるためのステップとして作成している。

「管理運用」について大切にしたいことは、情報流出やネットいじめ等のトラブルが起きないような配慮は当然のこととして、児童生徒、また、指導する教師の自由度を妨げるようなルールや制限は極力少なくするということである。

それは、「GIGAスクール構想」の趣旨からすると、過剰なルールや制限が自由な発想や学びを阻害する恐れがあるからである。

また、学校現場にはICTを活用する授業に積極的な教師とそうでない教師がいる。トラブルの対処や設定の工夫等、積極的でない教師でも安心して取り組めるような体制づくりが望まれる。

トラブル対処やサポートなど校内の担当者だけでは荷が重いと感じることもある。校務分掌を工夫して担当者を増やしたり、他校の担当者や教育委員会の担当者、ICT支援員と連携したりすることで、各教師の負担を減らしつつ、より効果的な学びが実現できるような管理・運用を、まずは目指したい。

2　項目の概要

第2章（「GIGAすごろく」では「管理運用」ゾーン）は、文部科学省「GIGAスクール構想の下で整備された学校における1人1台端末等のICT環境の活用に関する方針について」（令和4年3月3日）における「1人1台端末等のICT環境の活用を進める上で、おさえておくべき基本的な方針・考え方」に対応している。

項目づくりに関しては、家庭において子どもたちが自ら管理・運用するまでの取組で必要なカテゴリーとして以下の6つを示すとともに、その具体を記載している。

○運用準備
○クラウド・アカウント
○健康面の配慮
○持ち帰り
○組織体制
○校務の情報化推進

これらのカテゴリーは、前述の方針のなかの「学校におけるICT環境の活用チェックリスト」のカテゴリーを参照に作成し、また項目については「学校設置者・学校・保護者等との間で確認・共有しておくことが望ましい主なポイント」も含めて参照し、6つのカテゴリーそれぞれが網羅されるように設定した。

1. 活用の前提となるICT環境の整備
2. 運営支援
   (1)端末運用の準備
   (2)クラウド環境・アカウント（ID）の取扱い
   (3)健康面の配慮
   (4)持ち帰ったICT端末等を活用した自宅等での学習
   (5)組織体制の整備
   (6)校務の情報化の推進
3. 学習指導等支援
   (1)日常での活用促進
   (2)安全・安心な端末活用
   (3)研修の実施
   (4)特別な配慮が必要な児童生徒に対するICT活用

「学校におけるICT環境の活用チェックリスト」は66項目、「学校設置者・学校・保護者等との間で確認・共有しておくことが望ましい主なポイント」は18の例示がされており、ICT担当者が活用することを対象につくられたものであるため、細かい部分まで網羅されている。

「管理運用」に関して、実際は担当者がその役割を担うが、担当者以外の教師もその概要を知っておくことで、ICT担当者から教師へ、そしてそこから子どもたちへという流れで「管理運用」のゴールである子どもたち自らでICT端末を管理・運用できることが当たり前になっている状態をつくっていくことを目指す。

そこで、本書及び「GIGAすごろく」では管理・運用するための必要事項として全体が俯瞰して見られるように項目を絞って提示している。

3 本書及び「GIGAすごろく」の活用

「GIGAすごろく」では、スタート付近には管理・運用上避けては通れない内容を配置し、そこをクリアすることで次のステップへの課題が提示され、さらにそれらをクリアすることで管理・運用ができるようになっていく設定をしている。

例えば、スタート地点の項目は「家庭でのWi-Fi接続について説明することができる」「一人で一台の端末を使用させるための方法や約束事を作っている」である。これらの項目を見て分かるように、ICT端末の持ち帰りが前提である。このように難易度で配置しているのではなく、先に述べた管理・運用の最終的なゴールを達成するための配置であり、それらを解決するヒントがそこには書かれてある。

学校や担当者が主語となっているが、それぞれの項目での課題を全教職員が研修等で話し合い、解決を試みることで共通理解を図ることができ、自校における課題の解決を全教職員での取組へと発展できる。管理・運用は各校の実態に応じて設計されるが、このすごろくを活用した研修後には、「管理運用」に関して全教職員が理解しているため、担当者だけでなく、他部署と協働で作成することができる。

（松浦浩澄・山中昭岳）

文部科学省（2022）「1人1台端末等のICT環境の活用を進める上で、おさえておくべき基本的な方針・考え方」（令和4年3月3日）https://www.mext.go.jp/content/20220303-mxt_shuukyo01-000020967_1.pdf

文部科学省（2022）「学校におけるICT環境の活用チェックリスト」https://www.mext.go.jp/content/20220303-mxt_shuukyo01-000020967_2.xlsx

文部科学省（2022）「学校設置者・学校・保護者等との間で確認・共有しておくことが望ましい主なポイント」https://www.mext.go.jp/content/20220303-mxt_shuukyo01-000020967_4.pdf

A01 「GIGA スクール構想」を推進する校内体制や、問題を管理職に報告する仕組みがある

1　組織的な運用の重要性

　「GIGA スクール構想」は、子どもが1人1台のICT端末を持つということに加えて、大容量高速ネットワークの整備をすることもポイントとなる。つまり、子どもの学習に関わることのみならず、学校全体の情報化を推進する取組であるといえる。端末とネットワークが整備されるにあたっては、学習指導での活用、生徒指導に関する問題やルールの整備、保管やアカウント管理等の規定、その他のICT機器に関するケーブル類等の準備などを考えていく必要がある。これらの内容は、各学校の情報教育主任等に業務が集中することなく、適切な校務分掌により、校内全体で推進していくことが求められる。

2　校内全体で推進するポイント

　「GIGA スクール構想」を校内全体で推進してくためには、まず「誰が、どんな業務を行うか」「情報共有をいつ、どこで行うか」を決めることが大切である。役割を明確にし、推進に係る情報がスムーズに周知徹底されていくような体制を整備することが必要である。

　例えば、学年ごとに推進役を決めたり、情報教育部内で役割分担したりすることが考えられる。学習での活用については、各学年での活用状況を共有する場を設けたり、情報教育部の中で活用に役立つ資料を集めたりする。

3　「GIGA スクール」推進チーム

　新潟市立上所小学校[1]では、右の図のよう

に、研究主任や生活指導主任など、校務全般にわたって情報共有を行う「GIGA スクール推進チーム」を校務分掌に位置付けている。さらに、共有された情報を浸透していく工夫として、各学年にパイロットリーダーを置いている。このパイロットリーダーを核として、活用を広げていくという意識の醸成を行い、全校体制で自分事となるシステムになっている。管理職へは、主に運用方法の検討や校内研修のもち方などについて相談を行い、一人に負担が集中することがないようバランスを考えて推進している。

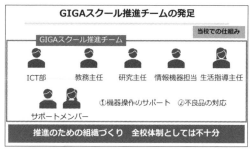

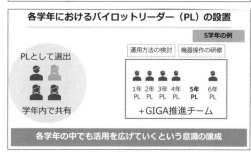

（堀田雄大）

1）文部科学省（2022）「第124回教育課程部会資料3-2新潟市立上所小学校発表資料」
https://www.mext.go.jp/b_menu/shingi/chukyo/chukyo3/004/siryo/mext_00002.html
（2022.11.27時点）

A02　ICT活用に関わる担当者を複数にしたり、他の業務を軽減したりするなど配慮している

1　「GIGAスクール構想」開始

　教育現場におけるICT環境の改善は、長年に渡る懸案事項であった。2020年当時、新宿区立落合第三小学校には、既にICT端末が導入されていたが、全教員用と1学級分の配備であり、複数の学級、学年で同時に使用することはできず、利活用に制限があった。2021年から開始された「GIGAスクール構想」による1人1台端末は、長年の夢の実現であると同時に、その管理運用への不安も大きかった。

2　情報教育部の立ち上げ

　幸いにも筆者は、本著の執筆者が多く参加していた「新型コロナウイルス対応のカリキュラム・マネジメントのZoom研究会」に所属しており、先進的な実践者から多くの知見を得ていた。その一つが、当時、文部科学省初等中等教育局教育課程課教育課程企画室に在籍されていた堀田雄大氏の提案にあった「情報教育部」の立ち上げだった。[1]

　早速、2020年11月の職員会議で次年度の校務分掌に情報教育部を立ち上げ、「GIGAスクール構想」への準備を今年度から実施することを全教職員に周知した。その際に示したのが、この「1人1台端末の学習指導を充実するためのカリキュラム・マネジメント（組織）図」である。「情報教育部」と他分掌が行う業務を明確にすることで、情報教育部の担当者に過重な負担がかからないようにした。2021年度の人事では、ICTに対する高い知識と技能を有する2名の教員を「情報教育部」の

担当者に任命し、他の校務については軽減を図るよう各分掌長に依頼した。担当者には、年度末から共通の管理方法、情報モラル指導及び教員研修の実施、配布までのスケジュール作成等、2021年度からの端末導入に向けた準備を学年末休業中に行った。2022年度からは、端末の管理を担う教員を2名配置し、さらなる業務軽減を図った。

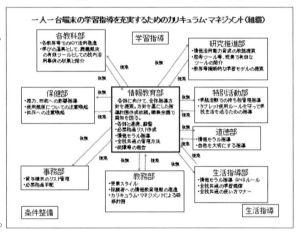

3　端末管理業務の改善に向けて

　今やICT端末は、個別最適な学びと協働的な学びを実現するために必須のアイテムとなっている。しかし、ICT端末を常に使用できるようにするには、故障の対応や転出入に伴う手続き、年度末の更新等運用管理に関する業務を着実に実施していく必要がある。教員のさらなる負担軽減策として、会計年度任用職員の活用等、より一層の業務軽減が必要であろう。

（清水仁）

1) 堀田雄大（2020）「一人一台端末の学習指導を充実させるためのカリキュラム・マネジメントについて―全職員でつくり、取り組める研修の在り方の模索―」

A03　機器のトラブル等を解決するための仕組みについて、共通理解している

1　校内での機器トラブル対応

校内における児童生徒のICT機器のトラブルには、様々なものがある。

岡山県真庭市立勝山小学校では、単なる充電切れの場合には担任が手持ちの充電器を貸し出したり、固まって動かなくなった場合には、電源を長押しして強制終了をさせたりするなど、教室内で解決できるようにしている。

しかし、担任では解決方法が分からない場合には、ICTの担当者が対応することとしている。トラブルが発生したICT機器を使う児童が、直接ICTの担当者に依頼する場合と、担任が休み時間に問題のあるICT機器を持って依頼する場合とがある。いずれにしてもその場で対応して、直接児童または担任に対処方法を教えたうえで返却するようにしている。今後、同様のトラブルが発生したときに、教室内で対処できる力を高めさせるためである。

なお、破損等で業者の修理が必要な場合などは、管理職から教育委員会に報告するとともに、学習が途切れないように、校内の予備の端末を手配するような仕組みになっている。

2　外部との連携が必要な場合の対応

ICTの担当者でも、トラブル対応の経験がなく、対応できかねるケースがある。前述の電源ボタンを押しても立ち上がらないケースも当初は故障と判断し、教育委員会に連絡をしたが、そこで教えてもらった方法で解決することができることもある。最近ではヘルプデスクが設置され、学校内で[1]

対応できないトラブルについて、下の図のように直接対応する体制が整えられている。児童生徒がICT端末を持ち帰った時にもチャットまたは電話で対応してもらえるようになっている。

また、教職員相互の情報交換の掲示板も市内教職員の共有スペースに設置されている。ここにはICT支援員もメンバーとして登録されているため、教職員だけでなく、ICT支援員ともつながり、直接相談したり、アドバイスを受けたりできるようになっている。

3　仕組みをつくる

担任やICTの担当者が何でも知っておかなくてはいけないというのは現実的ではなく、トラブル等を解決するための仕組みを全教職員が共通理解していることが大切である。校内では、各市町の施策を確認したうえで、対応のための手順を作り、それを図示して職員室内に掲示することをお勧めしたい。

（松浦浩澄）

1）第1章10節で示した「GIGAスクール運営支援センター」の具体

A04　ICTの担当者と管理職、事務職員が物品管理や予算管理について連携している

1　「GIGAスクール構想」に向けた組織づくり

新宿区立落合第三小学校では、2021年から開始された「GIGAスクール構想」による1人1台端末の利活用に当たり、2020年からその準備に当たってきた。まずは、下の図（再掲A02参照）のように、「情報教育部」を立ち上げ、各部と連携するようにした。

「情報教育部」の担当者は、新規の業務への対応で多

事務部の業務
・必要物品手配
・貸与端末のリスト管理
・故障、紛失等の報告
・業者との修理端末の受け渡し

忙が想定されるため、校務の軽減を行ってきた。その一つが「事務部」との連携である。

予算に関しては、年度当初に必要物品リスト作成を「情報教育部」で行い、その後の必要物品の手配、予算管理については、事務部が行うことにした。

また、実際にICT端末が児童に貸与されると、転出や転入、故障や紛失の報告や、その端末を業者に受け渡す作業などの業務があることが分かった。新宿区には、会計年度任用職員として、副校長や事務職員の補助に携わる学校運営推進員が全校に配置されており、端

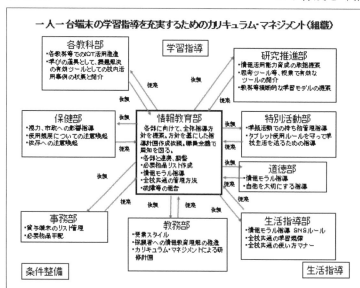

一人一台端末の学習指導を充実するためのカリキュラム・マネジメント（組織）

末の管理に関する業務の一部を担当してもらうことができた。

このように、「情報教育部」と「事務部」との連携により、管理・運用に関する組織体制が強化され、安心してICT端末を使用した学びが行われている。

（清水仁）

文部科学省（2022）「全国の学校における働き方改革事例集」

2　「情報教育部」と「事務部」との連携

「情報教育部」の業務は、以下のとおりである。

情報教育部の業務
①各部に向けて、全体指導方針を提案する。
②方針を基にした指導計画作成依頼する。
③職員会議で周知を図る。
・各部と連携、調整
・必要物品リスト作成
・情報モラル指導
・全校共通の管理方法

A05　ICT端末の活用に関するビジョンを子どもや保護者と共有している

1　ビジョンの策定

「GIGAスクール構想」とはどんな取組なのか、何を目指すのかといったICT活用に向けたビジョンを、学校が子どもや保護者と共有することで、1人1台端末を使う意義を踏まえた活用を進めることができる。文部科学省のウェブサイトには、「GIGAスクール構想」と学習指導要領の関係として、その位置付けがまとめられている[1]。学習指導要領で求められる資質・能力の育成を踏まえながら、具体的にどのような子どもを育成していくのか、どのようにそれを進めていくのかといった内容がビジョンとなる。

2　子ども、保護者、教職員への周知

ビジョンが固まったら、幅広くこれを周知することとなる。子どもや保護者に対しては、「どんな端末でどんな学習をしていくのか」「どんな方針でGIGAスクール構想を推進するのか」など、整備面から学習面、さらには健康面等まで、様々な内容をまとめていくことが考えられる。教職員に対しては、「これまでと何が変わるのか」「どんなことができるようになるとよいのか」といった、学校の教育活動に「GIGAスクール構想」がどのように位置付くのか、共通の視点がもてるようにしたい。

3　教育の情報化ビジョン

新潟市教育委員会では、ウェブサイト上で「教育の情報化ビジョン」を公開している[2]。「①幼稚園から社会人になるまでを見通して情報活用能力をみんなで育んでいくこと」「②学校だけでなく、全市の様々な関係施設とも連携していくこと」「③今後10年の見通し」。この3つのビジョンの実現に向けて具体的に取り組んでいくことがまとめられている。

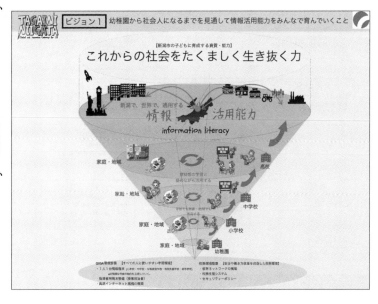

（堀田雄大）

1) 文部科学省（2022）「新学習指導要領とGIGAスクール構想の関係」https://www.mext.go.jp/content/20220421-mext_kyoiku01_000021124_14.pdf（2022.11.29時点）
2) 新潟市教育委員会（2022）「新潟市教育の情報化ビジョン」https://niigata-giga.info/pdf/211020_kyoiku_zyohouka.pdf（2022.11.29時点）

A06　子どもが自分のICT端末を使用するための方法やルールなどを作っている

1　スローガンを決める

　埼玉県私立さとえ学園小学校では児童会が中心となり、ICT端末活用のためのスローガンを設定した。それが「iPadはかしこくなるための道具だ！」である。学校の全員が覚え、合い言葉になっている。

　ルールを細かく決めても覚えられない。また、ルールに書かれてないことはやってもいいという捉えになってしまうと、ルールはどんどん増えていってしまう。そこで、ICT端末の活用において、やっていいことなのか、悪いことなのかを、常にこのスローガンを基準に自らが判断する仕組みとした。何かあると、教師はこのスローガンを児童に投げかけ、自らの行動を振り返る機会とさせている。

　しかし、このスローガンだけではコントロールできないほど、遊び道具としての活用が多く見られるようになってきた。

3　禁止型でなくレベルアップ型のルール設定

　そこで、児童会だけでなく教師も参画し、端末に振り回されず自分をコントロールできる子どもが評価される仕組みをつくった。

　それが下の「レベルアップ型ルール」である。詳細については、A19を参照されたい。

2　常に見守る

　児童会は、スローガンに基づく行動ができているか、できていないか、常に様々な方法で情報収集する。例えば全クラスの学級委員で構成されている代表委員会において、各学級の状況の報告は各学級委員の持っているICT端末でまとめ、児童会に報告するようにしている。また逆に、児童会からの提案をクラスに伝えるようにしている。

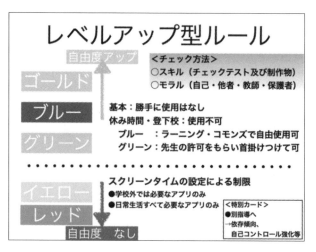

（山中昭岳）

為田裕行ほか（2021）『一人1台のルール』さくら社

A07　不登校や病気療養中の子ども、日本語指導が必要な子どもがICTを活用できる手立てを講じている

2021年の中央教育審議会答申のなかで、学校で学びたくても学べない児童生徒（病気療養、不登校など）への遠隔・オンライン教育の活用の必要性が示されている[1]。学校現場ではオンラインによる会議システムや授業支援ツールの利用が広まっていることを考えると、それらを活用した支援が期待される。

1　病気療養中の児童生徒への支援

児童生徒のなかには、入院や療養のために、学校に来ることが難しい者もいる。文部科学省は、「特別支援教育におけるICT活用[2]」のなかで、病弱の（病気による様々な制約がある）児童生徒に対する教育の一つの方法として、高速大容量通信ネットワークを病院や自宅等で使用できるようにして、遠隔教育を実施することが記載されている。遠隔教育を行う場合に同時双方向型が望ましいのか、オンデマンド型が望ましいのかは、児童生徒の実態に合わせて考える必要がある。このような遠隔教育は、短期的に病気療養のために休んでいたり、入院したりしている場合にも応用できると考えられる。

2　不登校の児童生徒への支援

文部科学省は、「不登校児童生徒への支援の在り方について（通知）[3]」のなかで、多様な教育機会の確保のための一つの方法として、ICTを活用した学習支援を挙げており、義務教育段階の不登校児童生徒が自宅においてICT等を活用した学習活動を行った場合の指導要録上の出席扱いについても触れている。以下に、不登校支援にお

ける ICT の活用方法の例を挙げる。

⑴　家庭での学びの促進

家庭での学びを広げるための一つの方法として、ICT を活用して同時双方向型あるいはオンデマンド型での授業を行うことが考えられる。このことを教職員が理解したうえで、学校と家庭が十分に連携して、一人一人のニーズに合わせた授業を行うことが望まれる。このような授業を通して教員が児童生徒と関わることで関係性を築くことができれば、ICT 以外の学びの提供も可能になってくるだろう。

⑵　教育支援センター（適応指導教室）での活用

不登校児童生徒への支援を目的として、各自治体で教育支援センターが設置されているが、教育支援センターでも ICT 活用が有用であると思われる。例えば、児童生徒の所属学校と教育支援センターをオンラインでつないで授業や行事に参加させたりすることが考えられる。もちろん、参加する児童生徒の状況次第ではあるが、チャット機能を使って児童生徒が教師や他の児童生徒にコメントを残すなどしてもよいだろう。また、授業や行事に参加して思ったことを、教育支援センターの職員や児童生徒と共有することで、より学びが広がると思われる。

⑶　オンラインでの心理支援

不登校児童生徒への支援として、スクールカウンセラー等によるカウンセリングが従来から行われているが、その支援は学校で行われることが多い。アウトリーチ型の支援も増えてきているが、家庭に訪問されても、面識のないカウンセラーと顔を合わ

せることが難しい児童生徒もいるだろう。そのような場合には、オンライン会議システムを活用したアプローチを行うことも一つの方法である。直接会えない場合だけではなく、対面だとうまく言葉が出てこない場合は、画面越しやチャットを使って話をすることも有用だろう。このようなツールはオンラインでカウンセリングを行うだけではなく、まずはカウンセラーとの関係を構築するためにも役立つと思われる。

*

　ここでは学校で学びたくても学べない児童生徒へのアプローチについて考えたが、大切なのは、「このような場合はICTを使って支援する」といったように通り一遍のアプローチにならないことである。あくまでも多様な児童生徒のニーズに応じる手段を広げてくれるものとしてICTを認識しておくことが大切である。

（小倉正義）

1）文部科学省（2021）「『令和の日本型学校教育』の構築を目指して〜全ての子供たちの可能性を引き出す、個別最適な学びと、協働的な学びの実現〜（答申）」（中教審第228号）2021年 https://www.mext.go.jp/b_menu/shingi/chukyo/chukyo3/079/sonota/1412985_00002.htm

2）文部科学省（2020）「特別支援教育におけるICTの活用について」https://www.mext.go.jp/content/20200911-mxt_jogai01-000009772_18.pdf

3）文部科学省（2019）「不登校児童生徒への支援の在り方について（通知）」https://www.mext.go.jp/a_menu/shotou/seitoshidou/1422155.htm

A08　ICT端末の電源の入れ方、切り方、充電の仕方を指導している

1　使い慣れた機種

　東京都新宿区では、2021年4月から「新宿GIGAスクール構想」として、区立小中学校の児童生徒に1人1台端末が順次、貸与された。機種は、前年度まで各校に配備されていた全教職員及び1学級分の児童生徒用のICT端末と同じメーカーで、キーボードが着脱できるものであった。従って、小学2年生以上の児童生徒は、電源の入れ方、切り方等の操作には慣れており、それに関しては大きな問題はなかった。唯一変更されたのは、それまでパソコン室の充電器に繋いで充電していた方法から、ICT端末と充電器を自宅に持ち帰り、充電をしてくる方法に変わったことであった。

2　使い方紹介スライド作成

　使い方に大きな違いはなかったが、1人1台端末となり、毎日、自宅に持ち帰り充電することとなったため、「情報教育部」（A04参照）が使い方を紹介したスライドを作成し、全校で統一した指導ができるようにした。そして、そのスライドを使用して、小学1年生以外の全学級で、担任による、ICT端末の使い方指導を行った。

　併せて保護者向けに、ICT端末の利用に関するお知らせを作成し、家庭で使用する際のきまりの遵守と充電の協力をお願いした。

3　学び合いを取り入れる

　問題となったのは、新1年生のICT端末に、児童に割り当てられたIDとパスワードを設定する作業である。個別の対応が必要と考え、6年生の児童との学び合いから、1年生の児童が自分で設定できるようにしたいと考え、6年生の児童がマンツーマンで教える方法で行うことにした。手指の消毒、マスクの着用、換気と短時間の活動等、感染予防対策を十分に行ったうえで、6年生と1年生児童による学び合いが行われた。

　1人1台端末を利活用した「GIGAスクール構想」実施元年。運用上の不安は大きかったが、「情報教育部」を中心に全教職員が知恵を出し合って取り組むことができた。

保護者の皆様へ　～貸与されたタブレット端末を使う時のお願い

【端末本体】
端末は、新宿区から貸し出されているもの（貸与）です。ログインのためのアカウント、パスワードは、子ども自身が管理します。学年が上がる時は、そのまま持ち上がります。卒業、転出する時は、必ず学校へ返します。
　なお、家庭へ持ち帰った際は、充電のご協力をお願いします。

【持ち帰り】
タブレット端末は、家庭で使う場面もあります。持ち帰りの開始時期や課題の内容等については、教員から話があります。
　健康面を考慮し、例えば、30分使用したら目を休める、画面から30cm以上離して使用するなど、家庭での使用の仕方についてお子様と十分に話し合っていただくようお願いします。

【破損又は紛失時の対応について】
貸与した端末は、卒業時や転出時には、次の児童・生徒に引き継ぎますので、丁寧に扱うようご家庭でも言葉掛けをお願いします。破損又は紛失した場合は、速やかに学校に届け出てください。
　保険には加入していますが、故意による破損又は紛失等があった場合は、実費を弁償していただくことがありますので、ご注意ください。

【端末の仕様について】
アプリは、個人でインストールすることはできないよう区で一括管理しています。また、インターネット接続についても、フィルタリングを設定し、SNSや有害サイト等へ接続できないようにしています。
　ご家庭では、インターネット利用の約束をお子様と確認するようご協力お願いします。

（清水仁）

A09　他者に配慮した情報モラルの指導を行っている

1　インターネット問題の未然防止

　文部科学省（2022年）「生徒指導提要」には、「インターネット問題は、学校や教職員が事態を把握することさえ難しく、気付いたときには取り返しのつかない、大きな問題に発展していることもあります。そのため、各学校においては、情報モラル教育などを通して、未然防止の取組を講じることが重要です」とある。児童生徒がインターネット問題に対応していくための資質・能力を身に付けるためには、各学校で組織的・計画的な未然防止のための教育に取り組んでいく必要がある。

2　いじめ防止一斉授業

　東京都八丈町立富士中学校で令和3年に行ったいじめ防止一斉授業の例について述べる。ねらいは、SNSの上手な使い方について学び、自分たちの身を守るためのルールを考え、行動できるようにすること。そして、規範意識を育むこととした。授業の導入はオンラインで一斉に行い、話し合い活動は各学級とした。SNSのトラブル

は学級・学年を越えて発生するため、生活指導主任が全体に対して授業のねらいを説明した。話し合い活動は、各学級の生活班で行うことにした。授業の始めに「SNS東京ノート4[1]」を参考に、人によって言葉の感じ方が異なることを確認した。SNSを普段使用していない生徒も多いため、「考えよう！いじめ・SNS@Tokyo[2]」でSNSのトラブルを紹介してトラブルとはどのようなものかイメージをもたせた後、八丈SNSルール2「友達・家族を守ろう」を実現するための行動宣言を考えさせた。考えたことはデジタルホワイトボード等に書き込み、生活班で共有した後に学級で考えを深めた。

　生徒の感想には「相手を思いやること」、「一度SNSに発信したら一生残るという覚悟を持ちながら活用することが大切」、「トラブルに合ったら相談すること」などが書かれていた。

　各自治体の取組と学校の実態を鑑みて、計画・実践を積み重ねたい。

（田後要輔）

1）東京都教育委員会（2020）「SNS東京ノート4」https://infoedu.metro.tokyo.lg.jp/snsnote.html
2）東京都教育委員会「考えよう！いじめ・SNS@Tokyo」https://ijime.metro.tokyo.lg.jp/

人によって感じ方が違うのが、言葉

SNS上であっても社会のルールは同じ、伝え方に気を付けよう
SNSだからこそ、気をつけなきゃいけないことはあるはず

SNSの上手な使い方を考え、「SNS八丈ルール」を守るための行動宣言を作っていこう

田後　要輔
人の悪口は書き込まない。

SNS八丈ルール
ルール1　健康を守ろう
ルール2　友達・家族を守ろう
ルール3　プライバシーを守ろう

自分の携帯電話・タブレット、学校配布のクロームブックを活用していくために必要な心構えやスキルの学習

A10 ブックマークの設定やデータ管理の仕方、検索方法を指導している

1　ブックマーク設定の工夫

　協働学習で利用するサイトなど、活用頻度の高いサイトはブックマーク[1]しておきたい。そうすることで、授業における時間のロスを減らすことができる。

　ページをフォルダ分けしたり、順番を入れ替えたりするなど、日常的に整理をしている教職員なら、児童生徒の実態に合わせて、すぐに指導することができるだろう。しかし、日常的に使い慣れていない教職員の場合は、実際にブックマークを使えば目的のページにたどり着くことができるという便利さを味わっておくことが大事である。

　岡山県真庭市立勝山小学校では、図のようにクラウドに保存したページをブックマークして共有している。そして、分掌の担当者が適宜内容（リンク）を更新するようにしている。

　現在では『学習 e ポータル[2]』と併用している。

2　データ（画像）管理の指導

　撮影した写真等の画像には、日付や番号等によりファイル名が自動的に付与されるため、そのままではどのようなデータ（画像）が保存されているのか分かりにくい。そこで、児童生徒には、サムネイル表示[3]に切り替えたり、一定の決まりに従ってファイルに名前を付けて保存したりするなどのスキルを身に付けさせたい。

3　検索方法の指導

　検索はできても検索でヒットしたページの字を児童が読めないという場合がある。そうした場合は、ブラウザの拡張機能[4]を導入して、ふりがなを付けるようにしたい。全て正しいふりがなが振られるとは限らないが、内容を理解するための手がかりとなる。

　子どもたちに具体的な指導ができるように、校内研修等を通して、検索するスキルについても身に付けておきたい。

（松浦浩澄）

1）「しおり」という意味で、ウェブブラウザに任意のウェブサイト URL を登録する機能のこと
2）文部科学省が準備した児童生徒の学習の窓口機能のこと。https://ictconnect21.jp/document/eportal
3）見たときにその内容が一瞬で分かるように、縮小して表示した画像のこと
4）ブラウザの拡張を増やしたり強化したりできる追加プログラムのこと

勝山小学校リンク集　☆　⌂　⌃　⌃
ファイル　編集　表示　挿入　表示形式　ツー

100%　標準テキス...　Arial

勝山小学校リンク集

12月終礼確認文書

11月終礼確認文書

L-gate（子ども用よく使うリンク）

デジタル教科書

ALT年間計画（1・2学期分）

時数集計

授業改革進員支推援予定表

コラボノート入り口（Googleでログイン）

2022勝山授業改革

コグトレ先生入り口（Googleでログイン）

A11　子どものICT端末の利用状況を確認することができる

1　見守りの大切さ

　従来のコンピュータ室での授業では、全員のコンピュータ画面をモニタしたり、ロックしたりすることが必須であった。しかし、1人1台端末となってからは、それらの機能を使う頻度は低くなってきた。それは、ICT端末が、常に使える状態で個々の机の中に入っているとともに、授業中、みんなが一斉に同じ画面を見て同じ動作をすることが少なくなってきたからと言える。しかし、だからといって子どもがどのようにICT端末を使っているかを把握しないというのでは、学校教育としての責任が問われる。大人としてしっかり見守る姿勢が大事である。

2　気付かせる指導とは

　学校内でのICT端末の利用状況については、目の前の子どもたちの姿から直接把握をすることができるが、自宅に持ち帰った後の利用状況については、学校側が手段を講じなければ、把握をすることができない。

　ほとんどの場合、子どものICT端末は、OSが用意しているWebサービスへログインして利用しているため、あらゆるアクセス記録が蓄積される。また、Webの利用履歴もフィルタリングソフトで蓄積されている。

　ただし、その履歴は膨大な量になるため、それらをどのように活かすかという点では、まだこれからという状況である。また、それらのアクセス記録から、問題行動だけを見つけ出し、直接それらをただすようなこ

とは推奨されない。むしろ、子どもが自らのアクセス記録や、利用時間帯、利用継続時間等の記録を見ながら、自分のICT端末の利用状況を客観的に振り返るために利用させていきたい。

　例えば、下の表のように自分の利用時間が遅い時間になっていたり、特定の動画サイトばかり見ていたりするような実態があれば、自分のメディアとのつきあい方を振り返るような授業をすることが必要となる。

利用者名	アクセス日時	接続先
○○（氏名）	2022.10.30　14:20	https://www.XXXXX.com/xx
○○（氏名）	2022.10.30　14:23	https://www.XXX.jp/xxx/xx
○○（氏名）	2022.10.30　14:25	https://www.XXXXX.org/xxxx/xx/xx
○○（氏名）	2022.10.31　04:11	http://www.XXXXX.com/xxxx
○○（氏名）	2022.10.31　16:44	https://www.XXXXX.co.jp/xx/

3　どのように履歴を扱うか

　ここで紹介したような履歴の確認は、通常の教員の権限ではできないことが多い。校内で確認できるようになっているのか、あるいは、それらをまとめて管轄する教育委員会が確認するようになっているのかはケースバイケースである。大切なのは、これらの閲覧も含め、どのような体制で履歴管理をしているのか、はっきりさせておくことである。また、この履歴が一人歩きし、子どもの失敗経験を話題にして、行き過ぎた指導にならないことが大切である。

　いずれにしても、監視するのではなく、子どもたちが自らの行動を律することができるようになっていくよう、遠くから見守り続けることが大切である。

（中川斉史）

A12　ID、パスワードを子どもが適切に管理するように指導している

1　ID、パスワードを使う機会をつくる

　子どもたちには、IDとパスワードは、どこかに書き留めておき、それを見みながら入力するものではなく、完全に「覚えておくもの」として捉えさせたい。

　埼玉県私立さとえ学園小学校では、IDとパスワードを使わざるを得ない状況を意図的につくっている。一つに、A06で紹介した「レベルアップ型ルール」のスキルとモラルを確認するWebテスト時が挙げられる。

　このWebテストをクリアすると次のレベルに進み、できることが増える。そのため、子どもたちは、満点をとって上のレベルにいくんだ！という強い思いでWebテストに臨む。

　つまり、このようなモチベーションが高い状況を利用する。このWebテストを始めるためにはIDとパスワードの入力が必須となる。つまり、IDとパスワードがないと、そもそもテストが受けられないということである。

2　パスワードの作り方を指導する

　見落としがちであるが、パスワードをつくる指導は必須である。

> ・8桁以上
> ・大文字小文字の英数字まじり
> ・記号入り

　これらすべてクリアしていないとパスワードとして認識されない。これらの条件を満たすものをつくるが、誕生日（お家の人の誕生日も）、住所や電話番号など、個人情報となるものは使ってはならない指導も重要である。

　ここで失敗しがちなのが、ただこの条件を満たすだけのパスワードを作ったものの、忘れてしまうことが多いのである。また、ここでメモをしてそのメモをなくしてしまうケースも出てくる。こうならないためにエピソード記憶を利用した自分だけにしかない思い出の中の数字や文字を組み合わせたものでつくってみるように指導する。

3　パスワードを教師が管理しない

　低学年から個人のパスワードは教師が管理しないようにしている。教師が管理していることで児童は安心し、覚えようとしない。

　「あなたにしか分からない大切なものなので、先生は分かりません」と突き返すことも必要である。パスワードがないと次の活動等に進めない経験を積んでいくことでパスワードの重要性に気付き、覚える工夫もしていくこととなる。

（山中昭岳）

為田裕行ほか（2021）『一人1台のルール』さくら社

A13 パスワードをリセットする方法を知っている

1 パスワードのリセットが必要な場面

児童生徒のパスワード変更については、次のような場面が考えられる。

・同一の自治体内で転入してきた児童生徒が以前の学校で使用していたパスワードを紛失してしまい、パスワードのリセットが必要になる場面。

・パスワードを記入した個人的な控えを校内外で紛失したり、忘れてしまったりして、不正なアクセスを防ぐため、パスワードのリセットが必要になる場面。

2 パスワードリセットまでの流れ

教職員であれば誰でもパスワードをリセットできるわけではない。通常は、教育委員会担当者もしくは各校数名の教員が管理権限をもち、パスワードのリセットをはじめ、児童生徒・教員のアカウントの追加・削除等の管理ができるようになっている。

実際、岡山県真庭市では、児童生徒がアカウントにまつわるトラブルやパスワードのリセットが必要になった場合、担任は、管理職に報告するとともに、管理権限をもつ教員に相談し、右の図のような管理画面からパスワードを再発行するようになっている。

3 パスワードリセットにおける留意点

自治体から付与されたIDやパスワードには命名規則があることが多い。担当者は、

教育委員会から発出されている文書をよく確認し、その命名規則について理解をしたり、同一のパスワードを作らないようにしたりするなど、留意点を確認しておく必要がある。

また、最近ではICT端末で使用するIDとパスワードに紐付けて利用するSSO（シングルサインオン[1]）の機能を活用することで、デジタル教科書やデジタルドリルなどのID、パスワードを別々に管理しなくてよくなってきている。その反面、学校の担当者にとっては、サービスが増えれば増えるほど、パスワードをリセットした際にどのような影響が出るのか等、把握しておくことや、すぐに対応できるように、デジタル教科書やデジタルドリル、その他のWebサービス毎のIDやパスワードを一覧形式で整理しておくことが望ましい。個人レベルでアカウントについてよく知っている担当者であっても、組織のアカウント管理については、新たな知見が必要となる。

なお、年度途中に、新しいサービスが導入される場合がある。新しいサービスの仕組みやアカウント設定等について、校内の担当者のみならず教育委員会の担当者やICT支援員、他校の担当者との連携もしておきたい。

（松浦浩澄）

1) 基本となるクラウドサービスのIDとパスワードを、他のクラウドサービスにも利用できる仕組みのこと

A14　目的に応じてクラウドのフォルダや ファイルの権限を設定できる

1　クラウド上のフォルダ・ファイルの 権限設定の必要性

これまでも、子どもたちが、見学したことをまとめた新聞やプレゼンテーションのデータを、パソコン教室や校内のネットワークに接続できる教室などから校内の共有ドライブに保存することは行われてきた。しかしそれは、あくまでも限られた場所からのアクセスであるとともに、校内の共有ドライブへの保存であったため、データ漏洩などのリスクについては、あまり考える必要がなかった。

しかし、「GIGA スクール構想」により、子どもたちがICT端末を携帯するようになると、校内にとどまらず、自宅や図書館、自由研究の見学先、また保護者と一緒なら喫茶店からでも、クラウド上の共有フォルダ・ファイルにアクセスできるようになった。便利である反面、設定によっては、子どもたちが作成したデータが全世界に公開されるということにも留意しなくてはならない。

学級担任や教科担任は、情報共有する範囲を慎重に考えたうえで、児童生徒が「閲覧できる・できない」「編集できる（アップロードできる）・できない」といった各種の権限設定を講じることが重要となる。

2　権限設定の実際

学級担任や教科担任は、権限についてよく理解したうえで操作をするべきだが、操作に慣れていない教員にとっては、「コンテンツ管理の権限を児童生徒に付与する」という意味をすぐには理解できないかもし

れない。そこで、真庭市立勝山小学校では、「子どもが撮った写真を集められる場所がほしい」「班ごとにスライドを作成させたい」など、担任の要望を聞いたうえで、担当者が担任と一緒に権限の設定を行うようにしている。

下の図は、4年生の担任と一緒に、4年生だけにアクセス権限を講じた例である。「アクセスできるユーザー」と「一般的なアクセス」を設定することで行う。

実際には、児童生徒が自由に閲覧したり、ファイルをアップロードできる共有フォルダを学級で1か所ずつ設定し、その下に教科や単元のフォルダを作成したりして運用している。もちろんその下のフォルダやファイルを必要に応じて閲覧のみにしたり、児童生徒から見えなくしたりすることもできる。また、学級の児童生徒をグループ化しておけば、権限の変更の際に一人ずつでなく、一括で行うことができ、便利である。

(松浦浩澄)

A15　年度終わりから年度始めにかけて、子どものアカウントの年度更新をしている

1　様々なアカウント管理

　これまでのコンピュータ室でのPC管理と異なり、1人1台端末を管理する際は、様々なアカウント情報を把握し、漏れ落ちなく更新する必要がある。例えば、端末そのものに紐付けされた情報、アプリにログインするための情報、デジタルドリルにログインするための情報、クラウドデータにアクセスするための情報など、これらを正確で効率的に更新する必要がある。さらに、卒業学年（小学校6年生、中学校3年生）は、ICT端末を入学してくる子どもたちに引き継ぐための準備も必要となる。

　文部科学省のウェブサイト「1人1台端末の年度更新について[1)]」では、年度更新のためのタスクリストが掲載されている。マニュアルには、具体的な更新内容について、学校では何をするのか、教育委員会では何をするのか、といった役割が分担別に示されており、それがリストになっている。アカウント、端末、データ、組織体制という観点から、年度更新の方法について具体的なイメージをもつことができるだろう。

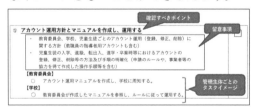

2　年度更新のポイント

　文部科学省のマニュアルにも示されているように、年度更新を行う際は、何を更新するのか、それはどこが管理しているのかをリストアップすることが重要である。ま

た、アカウントの削除や変更申請のルールを取り決めることも考えられる。さらには、パスワード等を児童生徒が管理している現状があることをも踏まえ、各自治体の実態に応じたマニュアル作成も必要である。

3　相模原市の取組

　同ウェブサイトには、特集として様々な自治体の取組が掲載されている。

　神奈川県相模原市では、アカウント命名規則や利用アカウントと管理者を整理することで、関係者の負担軽減ができるようにしている。例えば、教育委員会が発行するアカウントは「教員」と「児童生徒」とし、学校では「学年」「学級」「番号」「その他の属性」を管理するように分担し、管理する情報を分けることで円滑な更新につなげることが可能となっている。

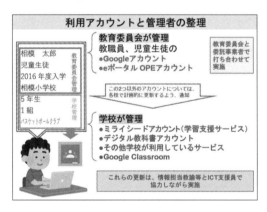

（堀田雄大）

1) 文部科学省（2022）「1人1台端末の年度更新について」https://www.mext.go.jp/a_menu/shotou/zyouhou/detail/mext_01736.html（2022.11.27時点）

A16　ICT端末内やクラウド上のデータ整理の方法を指導できる

1　教師がモデルに

A19でも記載しているが、埼玉県私立さとえ学園小学校では、1年生からクラウドにデータを保存したり、閲覧したりする活動を授業のなかだけでなく、家庭での学習や普段の学校生活の中に取り入れている。

このとき、教師が「ドライブにアップして」と言うだけで、子ども自身が、どこのどのフォルダにアップをすればよいかが分かり、所定のフォルダにアップできることが望ましい。そのためには、データの保存場所が整理されている状態になっていることが前提となる。

こうしたフォルダを見ながら、子どもたちは自分たちのクラウドへのデータの整理方法を学習することになる。

クラウド環境等について、教員間で共通理解を図っているのは以下のことである。

・基本はクラウドにデータを保存すること
・端末にはできるだけデータを残さない（紛失等での情報流出を防ぐため）こと
・保存場所の入口のフォルダの数は少なく、作成するときはICT担当に許可を得ること
・フォルダの階層はできるだけ浅くすること
・ファイル名には作成日（もしくは実施日）を記入すること

2　「具体」と「抽象」の学習に

フォルダ作成は、「具体」と「抽象」を学ぶよい教材となる。階層が上位なほど抽象度が高く、逆に下位にいくほど具体的なものとなる。このことを念頭においたうえでフォルダを作成することで、上手なデータ整理の方法が身に付く。

3　よいデータ整理の方法を共有

さとえ学園小学校では、1、2年生でデータの保存についての経験があり、また2年生の国語の授業において、カテゴリーについて学習しているため、データを分かりやすく整理したいという切実感をもっている。ただし、フォルダづくりには抽象化の概念が伴う。そのため、この学習は、発達段階的に見て、低学年ではなく中学年くらいが相当と考え、3年生の総合的な学習の時間に、ICTリテラシーに関わる学習の一環として、データ整理を学ぶ場を設定している。

ここでは、前述の教員間でのクラウド環境等における共通理解を基にしてフォルダづくりをさせる。ときには、データ整理の方法を子どもたち同士で共有する機会を設ける。いつでもほしいデータをさっと取り出せる児童がいたら、その児童にデータ整理の方法を紹介してもらったり、逆にデータ整理に困っている児童がいたら、困っていることを紹介してもらい、改善案を出し合ったりして解決する。1年に1回はこうした場を設定する。

「ほしいデータをすぐに見つけられるようにするために、どのようにデータ整理をするのか」という発表会を行ったり、第2章A06で紹介している「レベルアップ型ルール」のWebテストに「ほしいデータをすぐに見つけることができるか？」という項目を入れたりすることを検討している。

（山中昭岳）

1) Googleでは、クラウド上の保存場所を「グーグルドライブ」と呼んでいる

A17　子どもと共通のソフトウエアを 使っている

1　固有と共通

埼玉県私立さとえ学園小学校で実際に活用しているアプリを、子どものみが使っているもの、教職員のみが使っているもの、そして共通に使っているものについて、下の図のように分類・整理した。

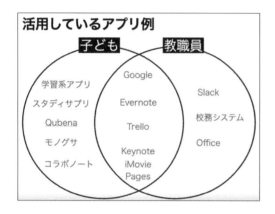

活用しているアプリ例

子ども／教職員

学習系アプリ　スタディサプリ　Qubena　モノグサ　コラボノート

Google　Evernote　Trello　Keynote　iMovie　Pages

Slack　校務システム　Office

子ども、教職員それぞれが使っているアプリより、子ども、教職員の両者が使っているアプリの方が多いことが分かる。

一方、それぞれのアプリを見てみると、子どもは学習関係のアプリ、教職員は校務関係のアプリを使っていることが分かる。つまり、それぞれのニーズに合うアプリを使用しているということだ。

共通しているアプリを見てみると、コミュニケーションをとったり、表現活動をしたりするためのものとなっている。これらは授業において必須の学習活動であり、関連のアプリはどの授業においても活用でき

るものとなっている。教職員が普段のコミュニケーションや、表現をするために、子どもと同じアプリを活用していれば、普段の授業をよりよくするためのアイディアを見出していくことができる。

2　誰もがICT担当に

このように子どもたちが使っているアプリを教職員も日常的に活用すると、操作方法はもちろんのこと、トラブルが起きた場合の対応が分かり、子どもたちからの問い合わせに対して、答えることができるようになる。

3　模擬授業で研修を重ねる

授業におけるICT活用を促進していくためには、実践形式の研修が重要な役割を果たす。

研修では、子どもたちと同様に、１人１台端末を持ち、子どもたちが活用しているアプリを用いて発表したり、模擬授業をしたりするのが有効だろう。

（山中昭岳）

為田裕行他（2021）『一人１台のルール』さくら社

A18　定期的にセキュリティ研修を行うなど、力量向上の場がある

1　4月最初の研修に

　埼玉県私立さとえ学園小学校では、新年度の始めに必ずセキュリティ研修を行っている。内容はデータの取り扱いについてである。学校のセキュリティ状態についての説明と、漏洩のほとんどは人為的ミスであることを伝えたうえで、以下のことについて共通理解を図るようにしている。

- ・機微（センシティブ）情報とは
- ・データの保存場所
- ・データのファイル名の付け方
- ・データの暗号化
- ・端末にはデータは保存しないこと
- ・ブラウザにIDとパスワードは記録させないこと

　危機管理についての研修も行い、万が一情報漏洩や紛失等が起こった場合の対応の仕方を伝えている。

　例えば、紛失の場合は、次の流れで行う。

- ①警察へ届ける
- ②同時にセキュリティ担当者、管理職に連絡をする
- ③セキュリティ担当者は、端末の探知、ロックもしくは端末内にあるデータの遠隔消去を行い、漏洩を最小限に防ぐ。また漏洩経路の探索も行う
- ④紛失の原因を分析し、その対応策を周知する

2　アウトプットによる力量向上

　学んだことを他者に伝えると学んだことが定着するように、研修で学んだことをアウトプットする場を多く設けている。

　右上の写真は他校の教員が、さとえ学園小学校に視察に訪れたときの様子である。写真のように、案内をしている教員は一人ではなく、複数である。

　こうした機会を捉えて、教職経験年数の少ない教員も役割をもつことで、ICTを活用する授業力を高めている。

3　校長自らが端末の使い手に

　教職員一人一人にもICT端末がある。下の写真は、さとえ学園小学校の校長が、ICT端末を用いて全校朝礼でプレゼンを行っているところである。このように、校長自らも力量向上を目指している。

（山中昭岳）

A19　子どもがICT端末を安全に持ち帰り、有効に使用できるように、マニュアル等を作成している

1　レベルアップ型ルール

A06で紹介した「レベルアップ型ルール」では、端末の壁紙の色（Green→Blue→Gold）により、児童一人一人のICT活用のレベルが分かるようになっている。

例えば、Greenは初心者レベルで、

・授業中は教師の指示がない限り、触ってはいけない

・休み時間も使えない

・登下校の間も出してはいけない

・家庭において、保護者との約束とは違う使い方をすればレベルアップできない

といった制限がある。このような制限のなかで、自分を律しながらICT端末を活用していける素地を養うようにしている。

また、スキルテストも実施している。例えば、A16で示したように1年生からクラウドへのデータをアップすることを授業で行っているが、そのスキルがきちんと身に付いているかどうかをWebテストで確認するようにしている。その他にも、授業や学校生活でICT端末を活用するうえでの最低限のスキルやモラルを身に付けているかどうかを確認するために、撮った写真に文字等を書き込むことができるか、インターネットの正しい活用の仕方ができているか等の問題を設定している。

2　家庭でのICT端末とのつきあい方の設定

毎年4月当初に、全ての家庭に対して、学年に応じた内容でのICT端末とのつきあい方を設定してもらっている。用紙の内容に従って、家庭における使い方について設定し、その用紙を学校に提出してもらう。学校はコピーを保管し、家庭には、原本を見えるところに貼ってもらう。

下のワークシートは、実際に家庭に配布するワークシートにモデル回答を書きこんだもの（「おうちでのiPadとのつきあい方（低学年用）」）である。

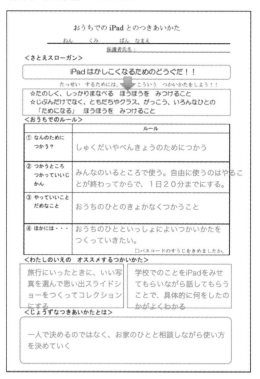

3　文房具から空気のような存在へ

どうしても悪い使い方の「影」の部分が見えてくるかもしれないが、自分たちの学習や生活にとって欠かせないものとなるよう、どんな使い方ができるかといった「光」の活用に着目し、よい活用事例をどんどん広めていくことが大切である。

（山中昭岳）

A20　家庭において保護者のICTの活用力（モラルを含む）を高めるための方策がある

1　家庭における端末とのつきあい方

　A19では、家庭における端末との付き合い方について、低学年のワークシートを紹介しているが、ここでは高学年のワークシートを紹介する。

　ポイントは、「○○をしてはダメ」という制限ばかりを設けるのではなく、より良い活用を自らしていくというプラスの捉え、つまりICT端末との上手なつきあい方を自ら実践していくものとしている。

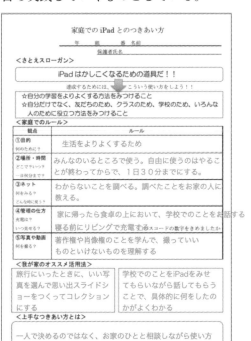

2　ニーズに応じた保護者研修

　学校から一方的に、より良いICT端末の活用の仕方を伝えていくのでは、子どもはもちろん、保護者の学びも少ない。そこで、保護者からのニーズを基にした保護者

研修を企画・実施している。子どもよりも知識も技能も上回りたいという要望が多く、下図の3ように、テクニカルな研修を取り入れるようにしている。

> **本日の流れ**
> SNIS；新しいカタチのICTとのつきあい方
>
> 1．学校長より
> 2．はじめに
> 3．テクニカルパート
> 　　3-1 SNSとのつきあい方　"Twitterに挑戦！"
> 　　3-2 活用アプリを知ろう　"モノグサとは？"
> 　　3-3 トラブルクリア　"パスコードリセット"
> 4．レベルアップ型ルール
> 5．質疑応答：ブレイクアウトルーム

3　家庭のICTの活用力アップをCYOD

　いつまでも学校がICT端末を管理していたのでは、家庭のICTの活用力、さらには日本全体のICTの活用力の向上にはつながらない。さとえ学園小学校では、子どものICTの管理は、すべて家庭で行ってもらっている。

（山中昭岳）

1) 学校が求める性能や統一性を満たしていれば、児童生徒や保護者は、自ら選んだ端末を使用することができる。Choose Your Own Deviceの略

A21　家庭でのWi-Fi接続の方法について、説明することができる

1　家庭への持ち帰りの状況

　ICT端末を家庭に持ち帰って活用することは、学校で学んだことを家庭でも具体的に振り返ったり、広げたりすることにつながる。「じっくり見直してみたいな」「もう少し調べてみたいな」という子どもの思いや願いを実現する方法として意義がある。文部科学省の調査（令和４年１月）「臨時休業等の非常時における端末の持ち帰り学習に関する準備状況」[1]では、公立の小中学校等で95.2％が「準備済み」となっている。日常的な持ち帰りについては、様々な実態に応じた対応が考えられるものの、ほとんどの自治体で準備がされており、学習等において家庭との連携がますます重要になってくる。

2　クラウドバイデフォルトの環境構築

　家庭への持ち帰りに際し、まず課題となるのが、端末のインターネット接続である。原則クラウドバイデフォルト（インターネットに接続して使用することが前提）で使用していくことにおいて、接続環境の整備が必要となる。家庭で環境が整っていない場合は、教育委員会がモバイルルータ等の貸出を行うことも考えられ、家庭への理解を得ていくことも大切である。さらに、家庭で環境が整った場合に、「どのように接続すればよいのか」を示すことで、より円滑な連携が実現できるだろう。ここで大切なのは、分かりやすい接続手順や、いつでも参照できる資料の工夫を考えていくことである。

3　GIGAサポートウェブの運用

　新潟市教育委員会が運営している「Niigata GIGA Support Web」[2]には各種マニュアルとして家庭でのWi-Fi接続方法が掲載されている。具体的な接続の方法や手順が端的に示されており、保護者や教職員、また児童生徒等、誰でもいつでも参照できる。「このウェブサイトにアクセスすれば情報が手に入る」という便利さが安心感にもつながる。また、一度接続したら、設定の変更がない限り自動的に接続が可能になるといった、手間が省ける良さについても周知することで、機器操作へのハードルを下げる工夫がなされている。

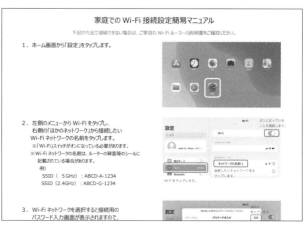

（堀田雄大）

1）文部科学省（2022）https://www.mext.go.jp/content/20220204-mxt_shuukyo01-000020366_1.pdf（2022.11.27時点）
2）新潟市教育委員会（2022）「Niigata GIGA Support Web」https://niigata-giga.info/manual/（2022.11.27時点）

A22 健康面に留意した端末活用について、指導している

1　端末使用時における健康上の留意点

　文部科学省「GIGA スクール構想の最新の状況について【参考1】」内の「1人1台端末の積極的な利活用等を進める際の『留意事項』（ポイント）」（令和3年3月19日）には、

> 7. ICT の活用に当たっての児童生徒の健康への配慮等
> ・学校や家庭における ICT の使用機会が広がることを踏まえ、別添「ICT の活用に当たっての児童生徒の目の健康などに関する配慮事項」を参照しつつ、視力や姿勢、睡眠への影響など、児童生徒の健康に配慮すること

と示されるとともに、上記資料の別添の「ICT の活用に当たっての児童生徒の目の健康などに関する配慮事項」にも、学校における留意事項として、姿勢や目と端末との距離、目を休めること、睡眠に関する事項等が具体的に示されている。

2　全校で指導できるスライドの作成

　これを受けて、新宿区立落合第三小学校では、養護教諭が、小学1年生から6年生までの児童に理解できるよう、イラストを使った分かりやすいスライドを作成し、全学級で指導を行った。また、保健室前の掲示板には、10月10日の愛護デーに関する掲示として「3つの 20-20-20」をクイズ形式で紹介するなど、子どもたちが自分から進んで、取り組むことができるようにした（右図参照）。

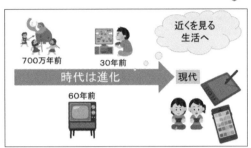

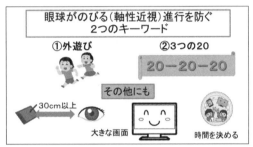

3　保護者への周知

　ICT 端末導入後の学校保健委員会では、保護者から ICT 端末使用による目への影響について質問が出されるなど、関心の高さが伺えた。保護者向けに「家庭での端末使用についてのお知らせ」を配付したり、学校保健委員会での眼科校医の回答を紹介したりするなど、学校と家庭が連携して、子どもたちの健康に配慮している。

（清水仁）

1) ①ICT 端末の画面を「20分」見るごとに、②「20秒」以上、③「20フィート（約6m）」以上離れた場所や景色を見ること

3章

ICT活用による授業づくり

概説　日常的にICT端末を活用しつつ、個別最適な学びと協働的な学びの一体的充実を図る

1　本章の基本的な考え

学習指導要領改訂（平成29年3月告示）では、「主体的・対話的で深い学び」の実現に向けた授業改善が求められている。さらに、中央教育審議会答申（令和3年1月26日[1]）において、「令和の日本型学校教育」を、「社会の急激な変化の中で再認識された学校の役割や課題を踏まえ、2020年代を通じて実現を目指す学校教育」とし、その目指すべき姿として「全ての子供たちの可能性を引き出す、個別最適な学びと、協働的な学びの実現」も示された。この個別最適な学びと協働的な学びを一体的に充実させるためには、ICTは必要不可欠なツールである。そのため、日常的に学習に活用することが重要となる。

そこで、第3章（「GIGAすごろく」では「ICT活用による授業づくり」）では、「学校におけるICT環境の活用チェックリスト」（文部科学省）[2]の「学習指導等支援」とも対応させながら、1時間あたりの授業づくり「授業導入、授業展開、授業まとめ」を念頭におき、それと関連する「カリキュラムづくり」やそれを行うための「学習環境」を取り上げて構成している。

2　学習者が学びの主体であること

授業とは、学びの主体である学習者一人一人の学びを支え導くことである。そのため、授業者には、学習者のつまずきを理解したり、一人一人の関心や意欲などを踏まえたりしながら、個に応じた指導を心がけたり、学習者が自らの学習状況を把握し、自己調整に努めるよう促したりすることが求められる。

3　1時間あたりの授業のポイント

「令和の日本型学校教育」を考える際、それまでの日本型学校教育から大切にしてきたことを理解しておかなければならない。例えば、授業者が学習者の思考を深めるために、「発問」を重視してきたこともその一つである。

「令和の日本型学校教育」とは、新たな考え方ではなく、本来の日本型学校教育の強みを最大限に生かしつつ、令和の時代に対応した教育活動を、ICTを日常的に活用しながら展開することが重要なのである。1時間あたりの学習ステップ（導入・展開・まとめ）に合わせて簡単にポイントを整理する。

(1)　授業の導入

これまでの授業でも、導入では、主体的な学びを生み出すために、学習の流れを確認したりルーブリックを学習者と共に決定したりしてきた。

さらにICTを活用すると、授業者は、学習の流れに加えて、その授業で用いるワークシートやスライド、動画などの資料を手軽に配信できる。事前に確認できる学習者は、いっそう学習の見通しをもちやすくなる。また、学習者自身が、自らの学習状況を把握し、新たな学習の方法を見出しやすくなる効果も期待できる。

(2)　授業の展開

本来の日本型学校教育の強みである思考の深まりが、ICTの活用によりさらに発揮できるように、次の2点を重視した。

①　対話の重視

② 個別最適な学びと協働的な学びを一体的に充実させること

ICT の活用により、学習者一人一人が自分に合った方法を選択し課題解決することがたやすくなった。そのような個別最適な学びを孤立化させないために、同じ方法で課題解決したり他の方法で課題解決する者と議論したりする機会が協働的な学びである。授業展開では、個別最適な学びと協働的な学びを一体的に充実させる手立てを仕組むことが大切である。

また、ICT の活用が空間的・時間的制約を緩和し、遠隔交流や専門家との授業への障壁も低くなった。そのため、対話（自己との対話、他者との対話、図書資料や動画などの著作者との対話）を通じた学びの質の向上も期待できる。この可能性が「主体的・対話的で深い学び」の実現に向けた授業改善につながるのである。

⑶ 授業のまとめ

ICT の活用により、学習履歴（スタディ・ログ）を蓄積しやすくなった利点を取り上げる。学習履歴については、作文、動画、写真など複数の表現方法があり、授業展開における個の思考が最も反映しやすい記録方法を選択したい。

重要なことは、授業者自身が学習者一人一人の学習履歴をどのように分析し、どのように指導と評価の一体化に活かすかである。それが、学習者一人一人の学習内容の理解度及び定着度の向上につながるのである。

4 カリキュラムづくりと学習環境整備で意識しておきたいこと

⑴ 目的化しないこと

個別最適な学びと協働的な学びを一体的に充実させ、「主体的・対話的で深い学び」の実現に向けた授業改善につなげるために、ICT は有効な手段である。決してICT 活用を目的化しないことを認識しておきたい。

⑵ 体系的な指導の必要性

ICT を日常的に活用する授業を進める際、確実に身に付けさせたいスキルがある。それらはカリキュラムに位置付けて、低学年からの体系的な指導に生かしたい。例えば、次の項目があてはまる。

① 情報モラル教育
② タイピングをはじめとした「GIGA に慣れる」活動や「子どもがつながる」活動

⑶ 多様化する子どもたちへの支援

近年、特別支援学校や小・中学校の特別支援学級に在籍する児童生徒及び通級指導を受けている児童生徒は増加している。また、学校に在籍する外国人児童生徒に加え、日本国籍ではあるが、日本語指導を必要とする児童生徒も増加している状況である。

自らの学習の状況を把握し、ICT 活用による、自らの学びを支援できる学習環境づくりが求められている。

（石堂裕）

1) 中央教育審議会（2021）「『令和の日本型学校教育』の構築を目指して〜全ての子供たちの可能性を引き出す、個別最適な学びと、協働的な学びの実現〜（答申）」（2021 年 1 月 26 日）p.1
2) 文部科学省（2022）「GIGA スクール構想の下で整備された学校における 1 人 1 台端末等の ICT 環境の活用に関する方針について（通知）」（2022 年 3 月 3 日）の別添資料 1「学校における ICT 環境の活用チェックリスト」

B01　学習アプリを用いて、本時の流れやルーブリックを示すことができる

1　授業内容の見通しがもてるように

　学習者が主体的に授業に取り組める手立てとして、1時間あたりの授業の見通しを提示したい。これはインクルーシブ教育システムの視点からも重要である。

　学習者と共有しておきたい内容は次の2点である。

　　①　本時の学習の流れ

　　②　本時の評価の視点

　②については、ルーブリックとして位置付けたい。学習者とともにルーブリックをつくる方法には、学習者自身に全ての基準を考えさせる方法もあるが、ここでは、B基準（全員に達成させたい基準）を教員が提示し、A基準を学習者で考えさせてみる方法を提案する。教員の本時の到達目標を学習者が知り、そのうえで、目指すA基準を決定できるからである。考える土台となる基準があることでA基準をイメージしやすいメリットもある。

2　学習アプリを用いるメリット

　学習者一人一人のICT端末を活用した場合、下の資料に示すように、本時の授業の流れに加えて、本時で扱う資料を配付す

ることが可能になる。資料には、スライド、記録シートなどアプリで作成したものや関連するサイトのリンク先など多様なものが想定でき、それを手軽に配信することができる。留意すべきことは、例えばルーブリックであれば、教員が全てを決定し提示するのではなく、学習者と共に作成し、共有できる環境を用意することである。

3　紙のワークシートを併用して

　下の写真は、紙のワークシートをもとに学習者同士が対話を通じた問題解決をしているところである。「書く」行為によって、学習者の思考が活性化する場合は、印刷して配付するなど、アプリで提示したワークシートを用いることをおすすめしたい。

（石堂裕）

算数「北前船を探れ」の学習の流れ
①評価と問いの設定（学習計画表を見る）
②考える手順を明らかにする
③ペアで実際の帆布（はんぷ）の大きさや帆柱（ほばしら）の位置などを考える

	記録シート Google スプレッドシート		「北前船をさぐれ」学習計画 Google スライド

B02 クラウド上の振り返りシートをもとに、本時の問いづくりをしている

1 本時の到達目標とは

1時間あたりの授業を構成する際、意識しておきたいことは、本時の到達目標と評価を一体的に捉えることである。到達目標とは、「〜分かる」「〜できる」のような到達地点を明示した目標を指す。

授業では、学習者と合意形成をしながら明確化し、「本時のめあて」や「問い」という言葉で表現することが多い。ちなみに筆者は、「主体的・対話的で深い学び」を生み出す授業には、問題解決的な学習展開を求めることから、「問い→結論」の流れを重視した後者を選択している。

2 振り返りを形成的評価に

授業者が学習者の学びの様相をみとる評価には、単元前に行う「診断的評価」、毎時間後に行う「形成的評価」、そして単元末に行う「総括的評価」がある。形成的評価の積み上げが総括的評価となる。要するに、成績と直接は関わらないものの教員の「指導と評価の一体化」に活かす評価が「形成的評価」、成績と直接関わる評価が「総括的評価」となる。

さて、授業づくりでは、授業の終末に、学習者自身が授業を振り返り、本時の授業で学んだことや感想を整理する時間をもつことが多い。その際、学習者に学習内容についての理解度をチェックできるような記述を意識するような働きかけをしておくとよい。振り返りが形成的評価の機会となるからである。

3 クラウド上のシートを用いるコツ

クラウド上にあるシートを利用する場合、個々の振り返りの記述が見えない場合と協働学習ツールのように見える場合とがある。筆者は下記資料（6年社会科「アジア・太平洋に広がる戦争」での事例）に示すように後者を選択する。振り返りでも他者の考えに触れることができるからである。学習者が記述した後、下記の順で全員の記述をチェックするようにする。

①おさえるべき知識について、誤解がないかどうかを確認する。

②同じ友達の疑問で色分けをする。

学習者は、本時の最初に協働学習ツールで色分けされた個の疑問を確認する。そのうえで、本時にクラス全体で考えたい問いへの合意形成を図るのである。

（石堂裕）

B03　前時に学んだ知識や技能を、ICT を活用して確認することができる

1　ポートフォリオできる学習記録が多様で、手軽に

　「GIGA スクール構想」により学習環境が整備される以前から、学習者個人の学習記録を学習ノートやファイルに保存したり、クラスの学習記録を模造紙で掲示したりするなど、ポートフォリオにする意義は理解されていた。

　現在、1人1台端末が整備され、ポートフォリオにできる量が格段に増えるとともに、動画記録や参考動画を集めたプレイリストなど、以前では難しかった多様な学習記録の蓄積が可能になった。1人1台端末の活用により、自分に必要な学習記録を探りやすくなっていることも、学習記録をポートフォリオにするための操作性及びそれを活用する利便性を高めることにつながっている。

2　技能の確認には動画での記録を

　音読、説明をはじめ技能についての定着を図る際には、ICT 端末を用いた録音や動画撮影を取り入れたい。特に体育や音楽などのように複数の時間をかけて技の習得に取り組む授業では、記録が生きたデータとなり、学習者が自分自身の修正点に気付きやすくなる。

　さて、ICT 端末によってクラウド上に保存された学習記録のうち動画による記録のメリットを2つ紹介する。
①一連の動きとして見ることができる。
②自分自身が気になるポイントで静止させたり、繰り返し見たりすることができる。

3　個別最適な学びへとつながる機会

　下の写真は、体育「マット運動（6年）」における「ペア及び個別学習」例である。

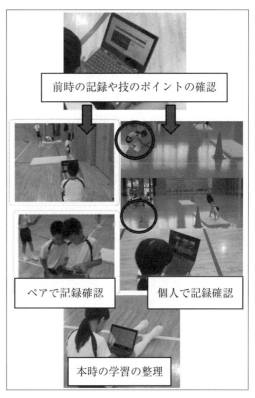

前時の記録や技のポイントの確認

ペアで記録確認　　　個人で記録確認

本時の学習の整理

　体育のような技能の習得には、学習者個人の課題が異なることが多い。そのため、授業の導入段階で前時までに得た知識や、前時までの動き、そして本時の手本となる動きを、それぞれがつかみたい。ICT 端末は、2で述べたことをクリアできるため、利便性は高い。

　技能の習得段階では、同じ課題をもつ者同士でペア学習する子どもいれば、個別に記録を撮り手本と見比べながら進める子どもいる。個別最適な学びにつながっている。

（石堂裕）

B04　習得した知識を発揮できるように、ICT を活用して学習場面を仕組むことができる

1　ICT の特性や強みを生かす

　子どもたちが各教科等で獲得した知識を整理・分析したり、まとめたりする際に ICT 端末は有効なツールとなる。例えば、目的に応じて思考ツールを選択して試行錯誤しながら考えたり、プレゼンテーションソフトで収集した情報をまとめたりすることができる。このような活用を考える際にポイントとなるのは、ICT の特性や強みを生かせるようにすることである。教師だけでなく、子ども自身が自覚的に良さを感じていくことで活用の幅が広がっていく。

　文部科学省の資料[1]によると、ICT の特性や強みは大きく３つに分類される。この３つは、組み合わせるなどして効果的な活用につなげることができる。

分けて保存しておくことで、過去に学んだ記録をスムーズにかつ劣化させずに取り出すことができる。また、校外学習等に出かけて撮影した動画や音声についても、メモと一緒に振り返ることで、その時のことを思い返しやすくなる。このような、データを取り出したり、参照したりする活用は、各教科等の学習のなかにも様々な場面として考えられる。

3　様々な事例

　文部科学省の StuDX Style というウェブサイト[2]には、ICT の特性や強みを生かした様々な事例が掲載されている。例えば、「学びの足跡を共有」という事例では、単元全体の板書が記録されており、どの時間にどんな学習をしていたのかを整理する際の参考になる。

　適切にデータを整理する工夫などについて指導することで、さらなる活用が期待できる。

（堀田雄大）

教育・学習におけるICT活用の特性・強み（GIGAスクール標準仕様において活用できるソフト・機能(例)）	
１人１台端末、高速大容量の通信ネットワーク環境下におけるICT活用の特性・強み	**ソフト・機能**
① 多様で大量の情報の取扱い、容易な試行錯誤	ウェブブラウザ、文書作成、表計算、プレゼンテーション、プログラミング
②時間的制約を超えた情報の蓄積、過程の可視化	（①のソフト・機能に加え、）クラス管理、写真・動画撮影・編集・保存
③ 空間的制約を超えた相互かつ瞬時の情報の共有（双方向性）	（①のソフト・機能に加え、）コメント、アンケート、チャット、電子メール、ウェブ会議、ファイル共有
教育・学習におけるICT活用の特性・強みを生かすことで、「主体的・対話的で深い学び」の実現に向けた授業改善や、個別最適な学びと協働的な学びの一体的な充実につなげ、情報活用能力等の従来はなかなか伸ばせなかった資質・能力の育成や、今までの学習方法では困難さが見られた児童生徒の一部への効果の発揮、今までできなかった学習活動の実施が可能になる。	

2　様々な学習場面を想定する

　ICT の特性や強みを生かせる場面として、作品の保存や動画・音声などをデータで蓄積できる点が挙げられる。フォルダに

1）文部科学省（2022）「教育・学習における ICT 活用の特性・強み」https://www.mext.go.jp/studxstyle/special/20.html（2022.11.30 時点）
2）文部科学省（2022）「StuDX Style」2022年 https://www.mext.go.jp/studxstyle/（2022.11.30 時点）

B05　ICT を活用して、友達や専門家等と対話をさせることができる

1　対話とは

国立教育政策研究所（2020年）は、「主体的・対話的で深い学び」での「対話的な学び」を「子供同士の協働、教職員や地域の人との対話、先哲の考え方を手掛かりに考えること等を通じ、自己の考えを広げ深める『対話的な学び』」と説明している。要するに、「他者（子ども、教職員、地域の方など）との対話」、「図書資料や動画などの著作者との対話」、そして「自己との対話」の3つが対話に含まれている。

2　オンライン学習での対話

オンライン学習は、同時双方向学習とオンデマンド学習に分けることができる。

前者は、通信アプリを用いて、遠隔にいる友達や専門家とリアルタイムでつながる学習であり、後者は、インターネットを介し、互いの都合のよい時間に進める学習である。

⑴　同時双方向学習での配慮点

同時双方向学習を参加型の授業にするために、意識しておきたいことがある。例えば、下の写真は遠隔地にある複数のクラスと同時双方向で交流をしている様子であるが、互いに具体物を示しながら対話をすることで、相手の考えを理解しやすくしている。

異なる具体物

また、下の写真は、3年生の子どもたちが理科でのグループ実験の結果を説明し、専門家からアドバイスを受けている場面である。画面越しだが、専門家との距離を近くすることで、対話を促進できる。

一方、都合で登校できない子どもが自宅から授業に参加することも可能になった。対話を生むために、かかわる対象を一斉、グループ、個人と使い分ける。特にグループ学習では、下の写真のように、特定のメンバーがビデオ会議システムを用いることで成立する。

⑵　協働学習ツールの併用

これらの学習では、ICT端末を通して学習に参加する子どもたちの集中力を維持する工夫が必要である。

例えば、音声言語での対話だけでなく、協働学習ツールによる文字言語での対話を意図的に取り入れると効果的である。

（石堂裕）

70

B06 子どもが、ICTを活用するなど、自分に合った方法で課題解決する時間を設けている

1　子どもがICTを主体的に学びに生かす

「『令和の日本型学校教育』の構築を目指して〜全ての子供たちの可能性を引き出す、個別最適な学びと、協働的な学びの実現〜（答申）[1]」では、「子供がICTも活用しながら自ら学習を調整しながら学んでいくことができるよう、『個に応じた指導』を充実することが必要」と示されている。つまり、ICTの活用を目的とせず、子ども自身が学びに生かせる使い方をしていくことが求められている。そのためには、子ども自身がICTでできることを理解し、目的に応じてアプリを選択したり、問題解決に必要な情報を集めたりする力を身に付けていくことが必要である。

2　段階的にアプリを選択できるようにする

子どもたちが、様々な学習場面において効果的にICTを活用していくためには、様々な活用方法を学んでいくことが大切である。使い方に慣れるところから始め、徐々に難易度の高い使い方ができるようにしていく。

例えば、文書作成ソフトや検索ツールなどの活用では、最初は一つのアプリでできることを増やしていき、慣れてきたらそれらを組み合わせていく。子どもたちは普段からノートやホワイトボードなど様々な道具を使っている。アナログやデジタルの良さを実感できるようにしながら、適切に組み合わせ、自分に合う課題解決の方法を考えていけるようにしたい。

3　ノートと組み合わせた事例

文部科学省のウェブサイト「StuDX Style[2]」では、子どもが課題解決の方法を選択する事例が掲載されている。

下の写真は、子どもが考えをまとめる場面において、学習の記録方法としてアナログとデジタルを組み合わせて使っている場面である。発想を広げる活動や記録をする活動など、学習場面によって、ICT端末を使うのか、ノートを使うのか、事前の教師の指導等も踏まえて、子ども自身が選択できるようにしている。

このような事例をもとに、まずは教師が指導のイメージをもち、「ノートに考えを書き出してからスライドを使って整理しよう」「文書作成ソフトでまとめたら、自分なりにイラストを描いて新聞のようにまとめてみよう」などと、子どもが自分に合う方法を見つけていけるような声かけをしていきたい。

（堀田雄大）

1) 文部科学省（2022）https://www.mext.go.jp/b_menu/shingi/chukyo/chukyo3/079/sonota/1412985_00002.htm（2022.12.3時点）
2) 文部科学省（2022）「StuDX Style」https://www.mext.go.jp/studxstyle/（2022.11.30時点）

B07　グループで整理・分析した意見を、ICTを活用してクラス全体の議論に活かすことができる

1　グループ内での話し合い

　授業では、校種や教科に限らず、グループで話し合いをすることが多い。グループ内で意見を集約したり、意見の違いを明確にしたりする場合、ただ単に言葉だけで話し合いをすることもあるが、ホワイトボード等の具体物を使い、貼り付けた付箋を動かしながら説明をしたり、写真やグラフを指し示しながら意見を述べたりすることも多い。

2　ICTを活用した話し合い

　個人がICT端末を持つようになると、各自の画面を見せながら、それらを取り囲むように意見を出し合う姿も多く見られるようになる。その場合、誰か一人の端末を操作し、それをみんなでのぞき込みながらまとめていく。

　さらに、学習支援システムの利用で、グループのメンバーが同じ画面を共有し、それらを各自のICT端末で見ながら、ともに操作をしていくこともできるようになる。画面上での動きは、各自のICT端末、声は同じグループ内の誰かが発しているという状態である。

　このように声の聞こえる範囲での画面共有、そして作業は画面上で協働するという状態は、ICTを活用した話し合いの特徴である。特に、言葉だけでは表しにくい位置関係や、大きさなどは、画面上で操作しな

がら説明できることが、全員の理解を深めることにつながる。

　これらを実現するためには、グループ内のメンバーだけがそのワークシート等に参加できる仕組み等が必要であるが、多くの学習支援システムでは、それらが可能となっている。

3　教室全体での共有

　各自の画面を大型提示装置に表示し、発表するという授業場面は、以前からよく見られる。各自の結果を全員が見える大型提示装置に表示させ、それらを見ながら、全体での話し合いを行うという形である。

　学習支援システムでは、大型提示装置に表示させるだけでなく、発表したい個々の画面を全員のICT端末に表示させることもできるので、子どもは自席から発表することもできる。

　また、写真のように、各グループで話し合った結果だけを比べて表示し、グループでの話し合いの内容を比べながら、全体への議論へとつなげるようにできる。

（中川斉史）

B08　本時で学んだことを学習履歴としてクラウドに蓄積させることができる

1　クラウドに蓄積させるよさ

ICTの特性や強みの一つとして、時間的な制約を超えられることが挙げられる。[1] 記録を劣化させずに保存できたり、いつでもその記録を再生できたりする。

データとしていくら使用しても劣化しないので、繰り返し見直すこともできる。紙が物理的にスペースを取るのに対して、データはその場所を選ばない。クラウドにICT端末からアクセスすることさえできれば、いつでも参照することができる。さらに、クラウドで蓄積をすることで、異なるICT端末からでもアカウント情報等を入力することでアクセスが可能になる。ICT端末そのものにデータを保存する必要がないため、故障した際も、データを守ることができる。

2　整理ルールと検索が鍵

クラウドに保存ができるようになると、ICT端末の容量を気にせず、様々なデータを保存できるようになる。複数人で共有するデータも扱えるようになり、子どもも教師も複線的なアクセスが可能になる。

このような、様々なアクセス先から必要なデータをすぐに参照できるようにするために大切なのが、整理するためのルール決めである。ファイルの名前はどのような付け方にするのか、教科等別の置き場をつくる、活動別の置き場をつくるといった工夫が考えられるだろう。さらに、データを探すときにはできるだけ早く行き着けるように、検索の方法も指導できるとよい。日付を見たり、名前に共通的な言葉から探したりと、データ検索のできる力を高めることも重要となる。

3　データで一目瞭然の工夫

文部科学省のウェブサイト「StuDX Style」[2]では、「整理した情報をもとに自分自身を振り返る」事例として、読書記録が例示されている。

表計算ソフトに読んだ冊数等を入力すると、下の図のように、随時グラフ化され、月別・ジャンル別で蓄積されるようになっている。

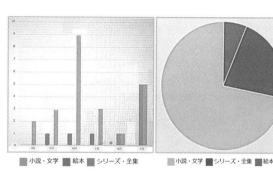

↑ 月別冊数でグラフ化し、分析　　↑ 本のジャンル別にグラフ化し分析

データは複製がしやすい特徴があるため、保存するデータのフォーマットを決めて配付することで、教師も子どもも統一された様式で繰り返し入力したり蓄積したりすることができるようになる。

（堀田雄大）

1) 文部科学省（2022）「教育・学習におけるICT活用の特性・強み」https://www.mext.go.jp/studxstyle/special/20.html（2022.11.30時点）

2) 文部科学省（2022）「StuDX Style」https://www.mext.go.jp/studxstyle/（2022.11.30時点）

B09 デジタルドリルで、子どもが自分に合った 練習問題を選択し、学習する時間を設ける

1　デジタルドリルとは

　デジタルドリルとは、タブレットやパソコンなどの端末を利用して問題を解いたり、動画を見たりしながら学習ができるデジタル教材のことである。漢字の書き取り練習や計算練習など、様々な教材が開発されている。なかでもクラウド等を利用したAI型ドリル教材は、教材にAIを導入し、児童生徒の理解度に応じて復習問題を反復、または自動選択で表示する等の機能をもたせたものであり、より子どものつまずきに合わせた学習が可能なものである。デジタルドリルを活用することで、児童生徒の学習状況や進捗状況を把握することが容易になり、個別の学習支援が行いやすくなると考えられる。

2　1単位時間におけるデジタルドリルの活用

　1単位時間において、終末場面にデジタルドリルを活用することが考えられる。

1単位時間におけるデジタルドリル活用の考え方の例

○教師が単元をデザインする上で効果的な場面において、計画的に活用する。
○学習指導において補助的役割として、例えば知識・技能の習得や定着の場面で、適切な反復による学習指導を進めるようにする。

導入	展開	終末	
学習問題の把握（一斉）	問題の解決 ・個別（自力解決等） ・小集団や全体等での考えの交流や練り合い	学習のまとめ（一斉）	練習問題（個別） 5〜10分

※　その他、朝学習や放課後等の短時間学習での活用も考えられる。

　例えば、算数科の授業の導入で学習問題を把握し、展開では、個別で考えたり、小集団や全体等での考えの交流や練り合いを行ったりする。終末で、学習のまとめを行い、その後、練習問題をデジタルドリルで行う。教師は、1単位時間の時間配分を工夫する必要がある。

　デジタルドリルを活用する場面を終末に設定することで、教師は、その時間における子どもたちの学習の定着状況を把握することができる。授業の目標に合わせて標準的な問題を配信し、問題に正解すると、より発展的な問題、誤答があれば補充的な問題が出るようにすることもできる。子どもたちが、授業の目標に対してどの程度達成できているのかを形成的に評価することも可能である。

　デジタルドリルは、自動採点機能で、採点がすぐになされるため、教師だけでなく、子どもが自分自身の理解度を把握することにもつながる。理解が不十分であれば、教師に質問したり、再度教科書や板書で復習したりすることもできる。さらに、デジタルドリルであれば、何度も繰り返し問題を解くこともできる。限られた時間のなかで、子どもによって取り組む問題数や難易度を自分で選択しながら学習できることは、まさに個別最適な学びにつながる。

　そして、教師はデジタルドリルのデータ等を適切に活用することで、次時の授業の展開をさらに工夫改善することができる。

（橋本智美）

1) 文部科学省（2022）「StuDX Style」https://www.mext.go.jp/studxstyle/skillup/19.html

B10　クラウド上に提出されたレポートやテストを分析し、次時以降の指導に活かすことができる

1　形成的評価を重視する

　授業者は、授業後、次の授業までに「形成的評価」を行う。この評価は、授業者の「指導と評価の一体化」に生かす評価である。評価の対象となるのは、

① 授業中の発言内容や行動の見取り
② 学習ノートやワークシートの記述
③ 確認テスト
④ レポート、絵画などの作品

など授業設計時に、授業者が形成的評価に位置付けたものである。特に③や④は、総括的評価になる場合もあるため、あらかじめ学習者にはどちらの評価なのかを明確にしておきたい。

　形成的評価によって、学習者の知識獲得に課題が見られた場合は、次時に回復学習を仕組むことになる。これは、学習者の理解不足の修正が目的なので、授業者は、個に応じた指導を心がけたい。

2　レポート課題における事前の留意点

　ICT端末を活用することで、評価の対象となるレポートや確認テストの提出の仕方も便利になった。例えば、レポートであれば、下の資料のようにフォルダのタイトルごとに自動的に整理されるため、管理もしやすい。また、デジタル化されたレポートは修正がしやすいため、学習者も手書きほど修正することを苦にしないメリットがある。

　ここでおさえておきたいのは、提出されたレポートの質を上げるために、事前にチェックする基準を示し、学習者と共有しておくことである。

　下の資料のように、目的、学習の進め方、書き方などを示し、その点をもとにチェックし返却することで、学習者も返却されたレポートについての修正点を理解しやすく、結果的によりよいレポートへと改善できるのである。

（石堂裕）

「海の命」学習後の感想文を書こう

　この学習後の感想文の目的は，みんなで学習する前に書いた感想文と比較しながら，学習後の自分自身の「海の命」のとらえ方の変化に気付くことです。

ひとり学習の流れ
・本文を確認する
　（ポイントとなる文を囲む）

　　赤ペン…自分が「海の命」を読み取る過程で特に重要だと思った文
　　青ペン…自分が「海の命」を読み取る過程でかぎをにぎった文

・400字以上を目標に感想を書く。

・右の感想文の書き方にそって書く。

学習後の感想文の書き方

1段落　作者が，読者に伝えたかったことを想像して書きます。

2段落　1段落での根拠となる文（赤，青でチェックした文を3つ程度，抜き出し，解説します。
　　　　私の意見の根拠となる文は，「　　　　」だ。この文から〇〇だと受け止めたからである。

3段落　学習前の感想との読み取りの変容を明らかにします。
　　　　学習前は〇〇と思っていましたが，学習を終えて〇〇だと理解できました。

4段落　小学校卒業を控えた自分自身に対して，この「海の命」という作品は，どのような影響を与えたのか，または，どのような気持ちをもたらせたのかを書きます。

B11 次時の学習に用いるために、自己の振り返りを クラウド上のアプリに記入させる

1 同時編集機能の良さ

アプリの同時編集機能は、振り返りの記入やその後の共有、そして次時の学習に生かせるなど様々な良さがある。

即時にそれぞれの入力内容が反映されるので、誰がどのような内容を書いているかを全員が把握できる。特に、筆が進まない子どもにとっては、書き方のモデルとして、友達の考えを参考にすることができる。また、内容を読むことで、自分自身の振り返りに自信を深めたり、さらに考えを広げたりすることもできる。このような同時編集機能の良さを活用することで、より学習を活性化することができる。

2 次時に生かす

振り返りの記入は、アプリのホワイトボード上に、一人一人が付箋に記入する形で行う。学習活動に応じて、子どもが記入する内容は様々であるので、それに基づいて次時の学習にどう生かすかも変わってくる。

例えば、講師の話を聞いたり体験を行ったりした後の振り返りでは、感想を取り上げて次の活動の見通しをもつことができるようにする。また、振り返りを分類して、子どもの考えを類型化することで、今後の活動や話し合いの見通しをもつこともできる。分類に関しては、子どもの学習状況に応じて教師が行ったり、子どもとともに考えたりしてもよい。子ども自身が行っても構わない。こうした過程を経ることで、どのような手順で活動を進めるか、個人で取り組むことやグループで行うことなどの活動の形態なども自分たちで考えることがで

きるようになる。

以上のように、同時編集機能を活用して、振り返りのスムーズな共有を図る場を設定することで、子どもが自己の学びの意味や価値を自覚することができる。

3 記録に残し、指導に生かす

振り返りの活用の一例として、評価へつなげることも有効である。毎時間、あるいは活動のまとまりごとに記入した振り返りを集積してデジタルポートフォリオとして見返すことで、一人一人の考えの変容を捉えることが可能になる。

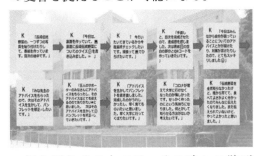

振り返りそのものは、その時々の学びを記したものであるが、時系列で見ていくと、活動を進めるごとに、自己の考えが深まっていることや、広がりがみられることを自覚することができる。

(小畑晃一)

B12　ICTの活用そのものを目的とせず、効果的な手段と位置付け、授業に用いる

1　授業づくりの手順

「ICTは手段であって、目的ではない」という言葉をよく耳にする。しかし、研究授業等で、ICTを使うことが目的になった授業を見かけることが度々ある。

そうならないようにするためには、授業の目的を明確にし、その目的を達成するためのICT活用を考えることが必要である。

以下に、授業づくりの手順を示す。これは、私が、大学の授業で学生に指導案を作成させるときの手順である。なお、現職教員との指導案検討会では一部を省略したり順序を変えたりしている。

---

(1)「知識・技能」に関する目標を確認する。
(2)単元を通して、児童生徒に学んでほしいことを付箋やマインドマップなどに書き出し、文章化する。
(3)(2)を実現するために必要な学習内容・活動を考える。
(4)全ての児童生徒に達成してほしい目標（下位目標）と、たとえ数名でも到達してほしい目標（上位目標）を設定する。
(5)(2)(4)を達成するための学習活動や手立てを考える。
(6)教科の見方・考え方、資質・能力の視点から、授業の目標、授業のデザインを考える。
(7)児童生徒が協働的に学ぶ場面を設定する。
(8)ICTの効果的な活用方法を考え、ICTの活用場面を設定する。
(9)学びのルーブリックを作成し、授業デザインを確認する。
(10)指導案を完成させる。

2　学びのルーブリック

学びのルーブリック（ディープ・アクティブラーニングを実現する授業をデザインするためのマトリックス[1]）の例を示す。単元全体の学習の中で、目標を以下の表で整理すると、「主体的・対話的で深い学び」の視点で授業を確認できる。

学年：小3　教科：理科
単元名：電気の通り道

		知識・理解・技能	適用・応用・推論・論理的思考・判断・批判的検討	形成・問題解決・創造
		A　知っている・できる・わかる	B　使える	C　生み出す
1	個別的・短絡的	・電池には＋極と－極があるおことを知る。・電球はフィラメントに電流が流れると光ることを知る。	・電線を輪のようにして、＋極と－極につなぐと電球が光ることを理解する。	・電気はプラス極と－極の間を通っていることを発見する。
2	着眼的	・電気の通り道のことを回路と言うことを知る。	・形や長さ、大きさの違う配線の様子を見て、電気の流通を説明できる。	・回路の形や長さ、大きさが異なっている電球が光る配線の様子から、共通点を発見する。
3	総括的	・回路の形や長さ、大きさが違っていても、電気の流れ方が同じなら同じ回路であることがわかる。		

（長谷川元洋）

1)　長谷川元洋・上野顕子・新谷洋介・清水克博（2021）「遠隔授業でのディープ・アクティブラーニングを実現する消費者教育の授業の開発と実践」『消費者教育』41巻、pp.123-133

B13　ICT を活用して、離れた学校や専門家との交流を仕組む

1　オンライン学習の仕組み方

　B05 でもオンライン学習について説明したとおり、遠隔にある学校や専門家との双方向によるオンライン学習には、同時双方向学習とオンデマンド学習がある。

　それぞれの良さと留意点は、下の表のとおりである。

	同時双方向学習		オンデマンド学習
良さ	○リアルタイムでのやり取りができ、対面での学習に近い効果が期待できる。		○相手の都合を気にせず都合のよい時間に学習できる。 ○学習記録が蓄積できる。
留意点	●交流校の時間的な調整が必要となる。 ●直接話せる人数が制限され、受動的な学習になる可能性がある。		●提示資料を読み取ったり、感想を書いたりする行為が多くなり、学習内容に関する興味関心が高まりづらい。

2　離れた学校と交流する場合

　「GIGA スクール構想」によって、同時双方向学習が仕組みやすくなった。課題は、上の表の留意点にあるように、学校によって学校行事や日々の時程が異なることから、時間的な調整が必要となることである。そこで、同時双方向学習をする前後にオンデマンド学習を仕組み、学習者の学習意欲の維持に努めたい。

　遠隔地の交流校の選定については、単に交流することを目的とするのではなく、学習者の必要な情報を得られたり、多様な考え方を知ることができたりするなど、学習の目的を重視することが必要である。

3　専門家と交流する場合

　専門家との同時双方向学習は、一方的な講義形式になり、予想以上に効果がない場合が予想される。そうならないようするために、事前に次のことを専門家と確認しておきたい。

①専門家が話す内容と学習者の既有の知識との差について

②授業では、子どもを知る授業者がコーディネーター的な役割を担い、専門家が専門的知識の提供を行うなど、役割分担すること

　また交流前に、子どもたちに専門家への質問を書かせることが多い。専門家と対話できる人数が限られることを想定し、例えば、協働学習ツールに個別の質問を書かせ、下の資料の太字部分のように授業者が同じ内容で色分けをしておくと、グループ分けがスムーズである。

> 私は、なぜ北前船は、物を運ぶだけではなく、**その地域の歌を歌ったり踊ったりしたのかが知りたい。**そして、それにより地域の人はどう思っていたのか知りたい。

　そして、グループ内で互いの記述を見ながら、専門家に伝わりやすい表現に修正するのである。このような過程によって、交流への関心を維持できる。

（石堂裕）

B14 低学年から情報モラル教育を体系的に 学べるように充実を図っている

3

ICT活用による授業づくり

1 情報モラル教育の必要性

　内閣府（2019年）「平成30年度青少年のインターネット利用環境実態調査」によると、2010年前後からスマートフォンやSNSが子どもたちの間に急速に普及しており、それらの利用に伴う犯罪被害等が起きているという状況から、児童生徒に情報モラルを身に付けさせることが必要になっている。情報モラルとは、小学校学習指導要領（平成29年3月告示）において、「情報社会で適正な活動を行うための基になる考え方と態度」と定義付けられており、様々な学習活動における体系的な指導が求められている。

　2019年に、文部科学省より「IE-Schoolにおける実践研究を踏まえた情報活用能力の要素」が例示され（下表）、情報モラルについての態度については、情報活用能力のなかの一つの要素として位置付けがなされているので、参考にしたい。

　学校では、心の発達段階や知識の習得、理解の度合いに応じた適切な指導が行きわたるようにカリキュラムを工夫することが急務である。

2 体系的に学ぶカリキュラム

　1人1台端末が貸与された現在においては、できるだけスピーディーに情報モラル教育を行う必要がある。

　福山市立川口小学校では、中学校区で連携し、帯タイムを使って全学年で情報モラルを学ぶ機会を設けた。2016年に、「一般社団法人日本教育情報化振興会」が作成している「ネット社会の歩き方」（https//www2.japet.or.jp/net-walk/）のコンテンツを活用し、動画を視聴したり、ワークシートに記入したりしながら、ネット社会におけるモラルやマナーについて指導した。

　内容は、「決められた利用の時間や約束を守る」（低学年）、「自他の個人情報を第三者にもらさない」（高学年）など、情報モラルモデルカリキュラム表の内容に沿って配列し、低学年からでもできる情報モラル教育を計画的に実施するようにした。

　情報モラルは付け焼き刃で身に付くものではないため、継続的に行いたい。

（橋本智美）

		分類	
A. **知識及び技能**	1	情報と情報技術を適切に活用するための知識と技能	①情報技術に関する技能 ②情報と情報技術の特性の理解 ③記号の組合せ方の理解
	2	問題解決・探究における情報活用の方法の理解	①情報収集、整理、分析、表現、発信の理解 ②情報活用の計画や評価・改善のための理論や方法の理解
	3	情報モラル・情報セキュリティなどについての理解	①情報技術の役割・影響の理解 ②情報モラル・情報セキュリティの理解
B. **思考力、判断力、表現力等**	1	問題解決・探究における情報を活用する力（プログラミング的思考・情報モラル・情報セキュリティを含む）	事象を情報とその結び付きの視点から捉え、情報及び情報技術を適切かつ効果的に活用し、問題を発見・解決し、自分の考えを形成していく力 ①必要な情報を収集、整理、分析、表現する力 ②新たな意味や価値を創造する力 ③受け手の状況を踏まえて発信する力 ④自らの情報活用を評価・改善する力　　　　等
C. **学びに向かう力・人間性等**	1	問題解決・探究における情報活用の態度	①多角的に情報を検討しようとする態度 ②試行錯誤し、計画や改善しようとする態度
	2	情報モラル・情報セキュリティなどについての態度	①責任をもって適切に情報を扱おうとする態度 ②情報社会に参画しようとする態度

B15 カメラ機能の活用やタイピング練習など、「GIGAに慣れる」[1]活動を設けている

1 慣れることの重要性

「ICT端末は文房具だ」という言い方がなされている。鉛筆や消しゴムレベルの文房具になれたらいいなという側面と、それくらいの機能しかないのかという側面の両方がある。鉛筆や消しゴムは、ICT端末に比べれば、文字を書いたり消したりするという機能以外にできることは、数が知れている。しかし、ICT端末は、もっともっと機能が多く、一つ一つを使いこなすためには、やはり「慣れる時間」や「慣れる活動」が必要である。

2 タイピングは重要だが

テレビドラマでも大人や子どもを問わず、タイピングをしているシーンを見ることがある。ただ、何かぎこちない打ち方をしているなと思うこともしばしば。少なくとも

初期のタイピング練習で大切にしたい、ホームポジションの意識

タイピングでもたつかないというのは、最低限のリテラシーといえる。では、それをどのように身に付けていくか。実際に問題となるのが、タイピング練習をどの教科等の時間でとるのかということであるが、一人一人が1台ずつ端末を持っていることから、全員が同じ時間を費やして練習時間をとるのではなく、授業の合間のほんの5、6分を、自分のタイミングで練習していくというスタイルが望ましい。

そのためには、自力で練習できるアプリや、タイピング練習の子ども用サイト等を利用できるように、教師が準備をしていくことが大切である。

3 カメラ機能で何をする

低学年においては、文字の入力などが難しいため、カメラアプリを積極的に使うことが、端末に慣れる活動となる。

校内の探検や植物の観察で写真を撮るだけでなく、自分の紙のノートに書いた文字やワークシート、図工の作品、生活科の作品など、ICT端末で写真をとり、それを指定した場所に置くようにする。

さらに、作品を動画で撮りながら、工夫したところや感想を付け加えるといった応用もできる。

これらは、授業者としても、子どもの作品を後からじっくり評価できるため、作品を返却してしまってからでも対応できるというメリットもある。

（中川斉史）

1) 文部科学省は、ICT端末を文房具や教材として使えるようにすることを「GIGAに慣れる」という言葉で表している

B16 共同編集やコメント機能を活用した「子どもがつながる」[1]活動を設けている

1 「子どもがつながる」活動を仕組む

「子どもがつながる」活動とは、子どもたちが協働的に学ぶ活動を指す。子どもたちが協働的に学ぶ機会は様々なものが想定されるが、ここでは、共同編集できるアプリを用いた学習を事例として取り上げ、主な良さを2つ紹介する。

2 同一教室でなくても活動できる

上の写真は、小学6年生理科の授業で、手回し発電と乾電池との比較実験をしているところである。このグループでは、予想を立てることから実験の計画までをグループ全員で行い、その後、役割分担をして実験をしている。そうなると同一グループ内でも四角枠（ペア作業）と円枠（個別作業）の異なる活動が見られる。ちなみに円枠の児童が行っている作業は、前時の実験を右上の資料のように、協働学習ツールに整理しているところである。1名で作業をしているが、共同編集アプリがクラウド上にあることから、

	速く	遅く	逆回り
豆電球	明るくなる	ちょっと暗くなる	明るくなる
ブザー	音が大きくなる	音が小さくなる	鳴らない
プロペラ	速くなる	遅くなる	逆に回る
発光ダイオード	明るくなる	つかない	つかない 逆に回せない

実は自宅から学習に参加している児童がもう1名いる。同じ教室にいなくても、コメント機能を効果的に用いることで、対話的な学びが成立する。

3 動画記録をメンバーで共有

左の写真の四角枠の児童は、ペア実験の様子を動画で撮影している。実験結果の考察をする場合、動画記録は貴重なデータとなる。下の資料のように、動画記録を編集用の整理シートに添付しておけば、繰り返し視聴でき、別のペアとも共有しやすいため、グループ内で結果の考察をする際の具体的事実となる。それをもとにみんなで考察し、結論付けを行うと効果的である。

（石堂裕）

1) 文部科学省では「子供同士がつながる」と表記している

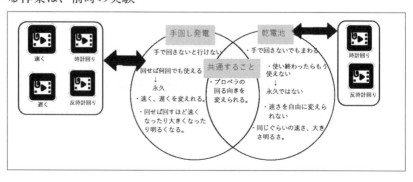

B17 子どもの特性に応じて、文字の拡大や読み上げ機能などを計画・活用している

1　特別な支援ニーズのある児童生徒

　義務教育段階の全児童生徒数を100%としたとき、特別支援学校で学ぶ児童生徒は0.8%（令和３年）、小中学校などの特別支援学級で学ぶ児童生徒は3.4%（令和３年）、通級による指導を受けている児童生徒は1.4%存在する（令和元年[1]）。また、最新の報告では、通常の学級に在籍する児童生徒のなかで、特別な教育的支援を必要とする児童生徒は8.8%と推定されている[2]。ここでは、通常の学級における特別な支援ニーズのある児童生徒へのICT活用について述べる。

2　ICTを活用する前に

　通常の学級における特別な支援ニーズのある児童生徒へのICT活用を考える際には、一人一人の学習スタイル（学習のしやすい感覚や処理様式）が異なる点を大切にする必要がある[3]。例えば、あるSLD（限局性学習症）の診断を受けている児童生徒にICTを活用した支援を行う際に、「なぜ、○○さんだけ…」という声があがることも考えられる。しかし、もし学級の中で、障がいの有無に関わらず、一人一人の学習スタイルに合わせて必要に応じてICTが活用できる環境が整ったら、上記のような声は自然と少なくなるだろう。また、一人一台端末が整備され、個別最適化という理念が広がりつつある今、学習スタイルを認め合える環境は比較的作りやすくなっていると思われるが、互いの違いを認め合うことができる学級づくりが重要である。

3　活用例と配慮のポイント

　以下に、読むことに難しさがある児童生徒へのICT活用例を紹介する。

　読むことの難しさの背景には様々な可能性があると考えられ、適切なアセスメントが必要である。診断がある場合や知能検査等を行っている場合には、ある程度その背景が特定されていると考えられる。しかし、そうでない場合には、支援をしながらその背景を探ることが必要とされる。

　読むことの困難さへのICTの活用には様々な方法が考えられるが、比較的取り組みやすい例としては、板書した内容を、ICT端末等で撮影・記録することがある。そのことで、授業後にも自分のペースで学習することができる[3]。また、音声教材、ペン型音声再生機、デジタル教科書の活用が有効な場合もある。デジタル教科書には、拡大表示、画面の白黒反転、総ルビ、音声読み上げ、ハイライト表示、リフロー表示、易しいページめくり等の様々な機能があるため[4]、使いながら有効な活用方法を探っていくとよい。一斉指導では、デジタル教科書が使用されることは多くなったが、必要に応じてICT端末等で個別に活用できることが望ましい。また、読み上げ機能を使う際には、イヤホン等を準備したうえで、授業への参加や児童生徒同士のコミュニケーションに支障が出ないよう、あらかじめ使用する際のルールを学級全体で確認しておく必要がある点も指摘されている[3]。

4　一斉指導の中で

　一斉指導の場面でも、ICTを活用するこ

とで児童生徒の困難さを支援することができる。例えば、大型ディスプレイに画像を映したり、動画を用いたりすることは、すでに多くの学校で用いられている方法である。このような画像や動画を用いた説明は、想像力や理解力に困難のある児童生徒の理解の助けにもなるが、教室全体の学習への理解を深めることにもつながる[5]。

　学級の児童生徒一人一人にとって、ICT活用は自らの学びやすい方法を選択できるツールとなり、今まで見えなかった支援ニーズを掬い取ることができる可能性がある。

（小倉正義・辻歩実）

1）文部科学省（2021）「特別支援教育の充実について」https://www.mhlw.go.jp/content/000912090.pdf

2）文部科学省（2022）「通常の学級に在籍する特別な教育的支援を必要とする児童生徒に関する調査結果（令和4年）について」https://www.mext.go.jp/b_menu/houdou/2022/1421569_00005.htm

3）筑波大学（2014）「平成25年度文部科学省調査研究委託事業 発達障害のある子供たちのためのICT活用ハンドブック 通常の学級編」https://www.mext.go.jp/a_menu/shotou/zyouhou/detail/__icsFiles/afieldfile/2018/08/09/tsujo_tsukuba.pdf

4）国立特別支援教育総合研究所（2020）「特別支援教育でICTを活用しよう」https://www.mext.go.jp/content/1422477_1_2_2.pdf

5）文部科学省（2020）「教育の情報化に関する手引−追補版（令和2年6月）第4章」https://www.mext.go.jp/content/20200701-mxt_jogai01-000003284_005pdf.pdf

B18　日本語指導が必要な子どもへのICTの活用方法を検討している

1　理解しておきたい外国人児童の課題

　出入国在留管理庁（2022[1]）によると在留外国人数は増加傾向にある。国籍はアジア圏が最も多く、南米が続く。また、保護者の就労に合わせて日本語指導が必要な子どもたちも増加傾向にある。

　さて、外国にルーツをもつ子どもたちの課題について、理解しておきたいことは次の4つである。

　　①言葉の壁をどう乗り越えるか
　　②生活習慣や文化の違いをどう受け入れるか
　　③自尊感情の低下をどう防ぐか
　　④孤独や疎外感を感じないようにするためにはどう対処すればよいか

2　対応策とICT機器の活用

　例えば兵庫県のように、「子ども多文化共生サポーター」や「多言語相談員派遣事業」を実施し、外国にルーツをもつ子どもたちの日本語指導対策を行う都道府県も多い。特に「子ども多文化共生サポーター」は外国人児童にも授業を担当する教員にも欠かせない存在である。しかし、1週間あたりのサポート時間が決まっており、全ての授業サポートは難しい現状である。そのため、「子ども多文化共生サポーター」のいない授業では、授業者は多言語通訳機を含むICT機器を活用して対応している。ただし、うまく翻訳できない場合もあることから、具体物を示したり動作で示したりしながら少しでも理解できるきっかけづくりを工夫する教師も多い。

　子どもが学習内容を理解できると、写真

に示すように、自ら多言語通訳機を用いて、ネット検索をしたり、グループの友達と対話したりすることも可能になる。

　ICT機器の利用方法は授業者と子どものコミュニケーションツールに限定するのではなく、子ども自身が自ら活用できる可能性を探り、その子どもに合った活用の仕方を身に付けさせたい。

3　発達段階にある留意点

　授業における新たな知識の習得は、日常生活でのコミュニケーションとは異なり、母国語であっても理解するための時間を要する。そのため、日本語指導が必要な子どもの来日時期が、学習内容の理解に大きく関わっているということに留意しておきたい。例えば、小学校高学年だと日本語が理解できなくても母国語をある程度理解できる、多言語通訳機を介することである程度の理解が期待できる。

　一方で、小学校低学年で来日した場合は、日本語の意味、母国語の意味が十分ではない。そのため多言語通訳機が十分機能しない場合が多い。1で示した4つの課題のうち、学年が上がるにつれて③への対応が大きな課題となる。だからこそ、授業づくり及び学級づくりにおいて外国人児童を支える環境づくりのための人的支援が求められる。

（石堂裕）

1）出入国在留管理庁（2022）「在留外国人統計」

B19 子どもが、自分で学習アプリに アクセスできるようにしている

1 学習用ソフトの標準仕様

「GIGA スクール構想」で導入された ICT 端末は、自治体により種類は違うが、標準的な学習用ソフトについて、文部科学省は、下の図のように「『GIGA スクール構想』における標準仕様について[1]」としてまとめている。

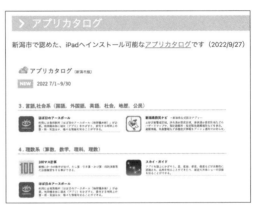

情報を検索したり閲覧したりするウェブブラウザをはじめとして、文書作成ソフト、表計算ソフト、プレゼンテーションソフトなどがある。クラス管理やチャット、ファイル共有の機能を備えているものもある。

2 子ども自身で自在に選べる環境作り

他にも各自治体では様々なアプリを導入している。画像・動画編集が行えるものや、プログラミング関係のものもある。

様々な活用方法の中で、できることを教師も子どもも知り、必要な場面で目的に応じてアクセスできるようにしたい。

そのためには、子ども自身が標準的なアプリや機能について理解し、自ら選択してアクセスできる環境をつくることが重要である。教師の指示でアクセスする場面から始め、徐々に子どもが指示なしでもアクセ

スできる環境にしておくことが重要である。学習の目的に合わせてアクセスできるようにしてきたい。

3 アプリカタログ

新潟市教育委員会のウェブサイトでは、教師も子どもも使えるおすすめのアプリを「アプリカタログ[2]」として公開している。

数万とあるアプリのなかから、学習で使えそうなアプリが示されており、学校から教育委員会に問い合わせをする必要なくインストールすることができる。カテゴリは各教科等別で分かれていたり、特別支援教育で有効なもので分類されていたり、使用目的に応じたアプリが示されているため、教師も子どもも必要なアプリを選びやすくなっている。

（堀田雄大）

1) 文部科学省（2022）「第124回教育課程部会資料2-2 GIGA StuDX 推進チームの取組について」
2) 新潟市教育委員会（2022）「Niigata GIGA Support Web」

B20 学習内容に関わる子どもの既有の知識を、ICT を活用して把握することができる

1 デジタルプリントを用いる

　新たな学習単元に入る前に、学習者の既有の知識がどの程度あるのかを理解しておくと個に応じた指導がしやすくなる。

　例えば、算数であれば、新たな学習事項と関連する前の学年の学習内容の問題を扱った復習の時間を設けたり、診断的評価としてのプリントを用いたりすることが挙げられる。

　上の写真は、診断的評価を目的としたデジタルプリントを用いた学習の様子である。デジタルプリントの場合、①複数の教科に対応、②該当学年以外の問題に対応、③解説付き、④取り組んだ問題の個別の履歴チェックが可能等のメリットがある。算数であれば、写真のように学習ノートに解答するように指示しておけば、机間指導の段階で、どこでどのようにつまずいているのかを把握しやすい。

2 協働学習ツールの活用

　日々の授業では、子どもたちが進んで対話できる環境を設けたい。例えば、社会科や総合的な学習の時間のように探究的に展開する場合は、資料を読み取り、そこから得た具体的な事実をもとに対話をつくっていく。提示する資料の内容によっては、子どもたちが難しいと感じて学習への関心が薄れてしまう危険性もあることから、授業で提示する前に、子どもがどの程度読み取れるか、また資料に関する知識をどの程度もっているのかを把握し、必要な手立てを準備しておきたい。

　事前の把握には、上の資料に示すような具体的な条件での、子ども一人一人の記述を通した把握が効果的である。その際、協働学習ツールのように、他者の考えも参考にできる環境が重要である。なぜなら、イメージしづらい子どもは他者の意見をモデルにし、自分なりの意見をもとうとするからである。事前に、「参考にした場合は『○○さんの意見をもとに』というような表現を入れるといいね」といった声かけをしておくと、子どもたちは安心して記述することができる。

（石堂裕）

B21　授業内容に合った有効な新聞記事や動画を準備することができる

1　授業における新聞記事の活用

新聞記事を授業に活用すると、教科書や資料集だけで授業する場合に比べて、児童生徒の見方・考え方が広がる。しかし、学習内容と合致する新聞記事を見つけ、効果的に活用できる教員は多くない。

こうした教員の課題を少しでも改善するため、岡山県真庭市立勝山小学校では図のように、Webサービスを活用し、新聞記事を電子的にスクラップ化し、活用できるようにしている。具体的には、Webページの検索機能を使って、学習内容に関係する語句を検索すれば、過去の記事を取り出せるようにしている。

なお、現在は、記事検索のサービスを始めた新聞社もある。こうしたサービスを活用することで、より簡単に記事を見つけることができる。

2　授業における動画の活用

授業で動画を活用すると、児童生徒の理解が深まったり、思考が働き出したりする。

活用したい動画の中にNHK for Schoolがあるが、これは、教科・領域ごとに動画を検索できるので、目的にあった動画が探しやすい。また、動画の全部を見ても、一部を見ても活用できるように作られており、活用がしやすい。

校内の動画共有サイトには、授業の動画や授業の資料となる動画、短時間の動画から授業の大半を割く長時間の動画を置いているが、大切なのは動画を活用する際に、「何を学び取らせたいのか」「視聴させることで授業のねらいに迫ることができるか」を考え、動画を選択したり、その見せ方を判断したりしていくことである。

（松浦浩澄）

1）日本放送協会（NHK）の学校向けコンテンツの総称

（新聞記事より　本務校＋兼務校共通）
10281　沖縄の歴史や自然を学ぶことにいざなう内容
10282　おもちゃ見本市において、昭和時代の懐かしいゲームやおもちゃを復刻するだけでなく、現代的な付加価値をつけて開発されたおもちゃを紹介。
10283　プーチン大統領が核戦力の演習を行った内容と給与をキャッシュレス決済の口座に振りこむことが解禁されたという内容
10284　映画「線は、僕を描く」の公開に合わせて俳優の細田佳央太さんにインタビュー。仕事にかける思いなどからキャリア教育にも
10285　内閣の支持率などでよく目にする世論調査の仕組みについて。
10286　大学生が起業した読書教育サービス「Yondemy（ヨンデミー）」の紹介。
10287　スピーカーから音が出る仕組みを実験によって解説。電磁石の応用
10288　元気が出ないときは、脳を元気にするためにあえて変な動きをすることを推奨する内容
10291　犬もうれし涙を流すことを実験で明らかにした内容。
10292　ニュース。不登校の小中学生が過去最高の24万人に達したという内容と国の補正予算が29兆円を超したという内容
10293　教えてさかなクン。さかなクンがアジのおいしさについて解説
10294　弘前市弥生いこいの広場にすむニホンアナグマの外見的な特徴やえさをねだるしぐさについて
10295　今年のノーベル医学生理学賞において、人類がネアンデルタール人の遺伝子を引き継いでいることについて。化石の分析などから判明
10301　イエメン首都のサヌアに住む少年の様子について。
10302　ニュースまとめ
10303　もったいないばあさん。バースデーのまき
10304　知っとくお金の話。国債を発行する意味について

B22　知りたいことは、ICT端末を用いて、すぐに調べられるようにしている

1　ICT端末を日常的に使うとは

1人1台のICT端末は、特別なモノでなく、日常的に活用するモノである。そのため、自分でICT端末を学習に使うツールとして選び、効果的に利用する経験を、各学年で積み重ねていくことが必要である。

例えば、物事を調べる際、インターネット検索を頼る場合もあるだろうし、学校で用意されているデータベースなどを利用することもあるだろう。さらに、それら調べたことをただ眺めるだけで終わるのではなく、あとで整理しやすいように、何らかのツールを利用して、その内容を保存する習慣を付けることも必要である。

2　授業中の様子を見てみる

下の写真は、6年生の授業のワンシーンである。よく見てみると、ICT端末を利用している子どもと、紙のノートを利用している子どもの両方が見える。

このクラスでは、授業中のノートのとり方について、自分に合った方法を選択できるようにしている。紙のノートを利用している子どもであっても、授業中に分からな

い用語が出てきたら、机の中からICT端末を取り出し、すぐに検索して確認する様子が見られる。その時間、ほんの十数秒。軽くうなずいて、また授業に戻る。

ICT端末を身軽に活用するためには、起動に時間がかかったり、「今は使う時間じゃない」と授業者に叱責されたりするような環境であってはいけない。環境を作り出すのは、教師の役目である。

3　学習者が主体の授業

「主体的・対話的で深い学び」は、今次学習指導要領におけるキーワードの一つであり、授業改善された姿であると捉えることができる。全員が同じ課題、同じ方法で、同じ時間に学ぶという授業を改善し、ICT端末を個々に活用しながら、自らの学びを進めていくという姿を実現するためには、授業中に、ICT端末を活用した情報の取得、整理ができるようになっていなければならない。

「自由に使わせると、授業に関係ないことも勝手に閲覧して、授業が進まない」ということを指摘する人もいるが、めったに使わないから、珍しさもあって、他のことに使おうとしてしまうのかもしれない。大事なことは、使うシーンを増やすことと、それらを活かす方法について、あらゆる機会に学習させておくことである。

このことが、学びに向かう力そのものになっていくと言える。

（中川斉史）

文部科学省 https://www.mext.go.jp/a_menu/shotou/new-cs/senseiouen/mext_01498.html

4章

学びや生活における利活用

概説　生涯にわたり生活や学びにおいて、ICT端末を安全かつ効果的に使いこなせる

1　本章の基本的な考え

　第４章（GIGAすごろくでは「探究的利活用」ゾーン）は、文部科学省『「GIGAスクール構想」について』（令和２年７月７日）の『「１人１台端末・高速通信環境」を活かした学びの変容イメージ』のステップ３「教科の学びをつなぐ。社会課題等の解決や一人一人の夢の実現に活かす」に対応している。子ども一人一人が、自己の夢や目標の実現に向けて、様々な情報を収集・蓄積・関連付けながら、学び続けるためのツールとして、生涯にわたってICT端末を活用するための知識・技能の取得及び意識付けをねらいとする。項目を決定する際に、主に総合的な学習の時間で発揮される活用だけでなく、特別活動や家庭での活用を念頭においた。

　また、序章で八釼が「子どもたち一人一人が貸与された端末を文房具のように使いこなせるようになることだけを目的としているわけではない。この先には、学習の基盤となる資質・能力としての、また各教科等の学びを支える基盤となる能力としての『情報活用能力』を身に付けることを目的としている」と述べているように、本書及び「GIGAすごろく」は「ICT活用」を「資質・能力育成」のための手段として位置付けている。

　特に、この章は、子どもがICT端末を活用する活動を通して、現行の学習指導要領で掲げられている「育成を目指す資質・能力の３つの柱」及び総則でも示されている「教科等横断的な視点に立った資質・能力」の一つである「情報活用能力」を意識し、構成・作成している。

2　情報活用能力の観点と要素

　GIGAスクール構想の実現に向けて、我が国におけるICT活用の遅れがクローズアップされたが、情報教育の歴史は古い。40年ほど前には既に情報教育に先進的に取り組んでいる地域や学校は少なくなかった。文部省（当時）は1985年に「情報化社会に対応する初等中等教育の在り方に関する調査研究協力者会議」を発足し、会議のなかでは「情報活用能力」として、以下の４項目を提示している。

①情報の判断、選択、整理、処理能力および新たな情報の創造、伝達能力
②情報化社会の特質、情報化の社会や人間に対する影響の理解（プライバシーの侵害や情報犯罪、環境と健康問題等）
③情報の重要性の認識、情報に対する責任感（情報の受信者兼発信者としての社会的な倫理観）
④情報科学の基礎及

情報活用能力
情報及び情報手段を主体的に選択し活用していくための個人の基礎的な力

A 情報活用の実践力	B 情報の科学的な理解	C 情報社会に参画する態度
A1：課題や目的に応じた情報手段の適切な活用	B1：情報活用の基礎となる情報手段の特性の理解	C1：社会生活の中で情報や情報技術が果たしている役割や及ぼしている影響の理解
A2：必要な情報の主体的な収集・判断・表現・処理・創造	B2：情報を適切に扱ったり、自らの情報活用を評価・改善するための基礎的な理論や方法の理解	C2：情報モラルの必要性や情報に対する責任
A3：受け手の状況などを踏まえた発信・伝達		C3：望ましい情報社会の創造に参画しようとする態度

び情報手段（特に、コンピュータ）の特徴の理解、基本的な操作能力の習得

その後、文科省より「教育の情報化に関する手引」が出され、前頁の表のように、3観点8要素が示された。

3 育成を目指す資質・能力の視点から

現行の学習指導要領が掲げている「育成を目指す資質・能力の3つの柱」は、

・知識及び技能の習得
・思考力、判断力、表現力の育成
・学びに向かう力、人間性等の涵養

である。

各教科等の目標もこの3つの柱で示されている。つまり、各教科等の学びも従来のように各教科等の個別的な学習にとどまらず、課題や状況に応じて各教科等で習得した知識や技能を関連付けて考えたり、その考えを他者に伝えたり、協働的に解決を図るとともに、各教科等の知識や技能が社会や将来に繋がっていることを実感し、学びに向かおうとする意識や態度をさらに引き起こす、このような学びの実現を目指している。

今次改訂の具体的な授業改善の視点として、これらの資質・能力の育成に向けて「主体的・対話的で深い学び」が提唱され

ているが、「GIGAスクール構想」もその大きな流れのなかにある。

前述の「情報活用能力」に関しても、下の表に示すように「育成を目指す資質・能力の3つの柱」で再整理がなされた。

現行学習指導要領に対応した令和元年度版の「教育の情報化に関する手引」の「IE-Schoolにおける実践・研究を踏まえた情報活用能力の例示」では、「A．知識及び技能」は3つ、「B．思考力、判断力、表現力等」は1つ、「C．学びに向かう力、人間性等」は2つの6つに分類されている。概ね、本章の項目1～8は「A.3」及び「B.1」、項目9～16は「A.1」及び「B.1」「C.1」、項目17～22は「A.2」及び「A.3」に対応している。

この章（「GIGAすごろく」の「探究的利活用」ゾーン）では、授業場面にかかわらず、子ども一人一人が自由な時間・空間においてICT端末を安全かつ有効に使いこなせるために求められる資質・能力の一つである「情報活用能力」の、特にICT活用のスキルの育成をゴールイメージしている。主に教科での活用は、3章（「GIGAすごろく」の「授業づくりゾーン」）で示されているので、前述のようにこの章では総合的な学習の時間や特別活動及び家庭学習において子どもが主体的に活用することを想定している。

なお、「B．思考力、判断力、表現力等」のプログラミング教育については、第1章の第6節で解説している。

（村川雅弘）

			分 類
A. 知識及び技能	1	情報と情報技術を適切に活用するための知識と技能	①情報技術に関する技能 ②情報と情報技術の特性の理解 ③記号の組合せ方の理解
	2	問題解決・探究における情報活用の方法の理解	①情報収集、整理、分析、表現、発信の理解 ②情報活用の計画や評価・改善のための理論や方法の理解
	3	情報モラル・情報セキュリティなどについての理解	①情報技術の役割・影響の理解 ②情報モラル・情報セキュリティの理解
B. 思考力, 判断力, 表現力等	1	問題解決・探究における情報を活用する力（プログラミング的思考・情報モラル・情報セキュリティを含む）	事象を情報とその結び付きの視点から捉え、情報及び情報技術を適切かつ効果的に活用し、問題を発見・解決し、自分の考えを形成していく力 ①必要な情報を収集、整理、分析、表現する力 ②新たな意味や価値を創造する力 ③受け手の状況を踏まえて発信する力 ④自らの情報活用を評価・改善する力　　　　等
C. 学びに向かう力・ 人間性等	1	問題解決・探究における情報活用の態度	①多角的に情報を検討しようとする態度 ②試行錯誤し、計画や改善しようとする態度
	2	情報モラル・情報セキュリティなどについての態度	①責任をもって適切に情報を扱おうとする態度 ②情報社会に参画しようとする態度

C01　子どもが、生活場面におけるインターネットや AIの実態・危険性について理解している

1　インターネットやAIの危険性

インターネット問題には著作権法違反などの違法投稿、ネット詐欺、ネット上の危険な出会い、自画撮り被害、誹謗中傷、炎上等悪質な投稿、ネットを起因とする人間関係のもつれ等がある。そして、AI（人工知能）の発達により過去に書き込んだSNSの内容の特定が容易になり、一旦インターネットに流出した情報は完全に消去することができないため、進学や就職等に過大に影響する時代が到来している。これらの危機から子どもを守るため、学校は未然防止の取組を特定の教科だけでなく教科横断的に講じる必要がある。

2　生徒の話し合いとルールづくり

インターネットは学校だけではなく、家庭など様々な機会や場所で利用される。そのため、子どもがインターネット問題について主体的に考え、その危険性や影響について議論しながら理解を深めていくことが重要になってくる。そして、学校は子どもにとって身近なインターネット問題を未然に防止するためのルールや考え方を共有する機会を設定していくことが求められる。

令和4年、東京都八丈町立富士中学校では「SNS東京ノート5」を活用した「いじめ防止授業」を行った。授業のねらいを「生活の中で起こるSNSの問題を振り返り、何気ない発言から起こる誤解で友人を傷付けてしまうことを再認識して、SNS上での会話の在り方について考える」とした。内容は誤解される例文を提示して問題点と解決策を考えさせるものとした。

例えば「〇〇君カッコよくない」は否定文であるが、「状況に合わせてどんな気持ちで書いたか言ってみて」と教師が生徒に聞いたところ、「（声を高めに抑揚をつけて）〇〇君、カッコよくない♪！？」と答えた。状況に合わせて正確に意味を伝えるためには工夫が必要であることを実感させる発問であった。その他、例文から各々が考えたことを班ごとに発表し、デジタルホワイトボードにまとめさせた。

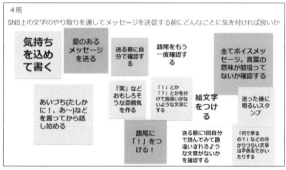

授業の振り返りには、「絵文字や！？を使って感情をよりよく伝える」「送って迷惑なメッセージになってないか確認する」「全世界に流れても大丈夫なメッセージか確認する」等の意見が見られた。

（田後要輔）

1）東京都教育委員会（2020）「SNS東京ノート5」https://infoedu.metro.tokyo.lg.jp/snsnote.html

C02 子どもが、インターネットのトラブル等に関する相談窓口を知っている

1 相談機関との協働

インターネット問題を解決するためには、教職員と保護者、地域の人々、警察等の連携が必須である。特にインターネット問題の解決には、特別な知識と対応方法が必要なことが多いため、それぞれの役割や専門性を理解し、協働していくことが重要である。インターネット上で様々な問題に直面した際には、相談内容に応じて各種相談窓口に問い合わせることが大切である。学校は相談機関一覧表を配布するなどして、地域にどのような相談機関や窓口があるか子どもや保護者に周知しておく必要がある。

2 インターネット問題の早期発見の難しさ

インターネット問題が起きた場合、SNS等で広がった後で学校が知ることが少なくない。多くの場合、子どもが対応に苦慮しているにも関わらず、どこに相談するべきか分からなかったり、教師に相談することで事が大きくならないかといった不安があったりすることから、学校に相談しないでいるようなこともある。インターネット問題はSNS等で多くの人が目にする場所で起きることが多いので、子どもからの報告も重要視していくことが大切である。

3 相談窓口を伝えるための取組

東京都八丈町立富士中学校では長期休業前の生活指導主任の講話の中で、インターネット問題等で不安や悩みがあった場合は、長期休業中であっても日直の教員等が相談に応じることを伝えている。どんな小さな

ことであっても心配なことがある場合は、学校はもとより、保護者をはじめ信頼できる大人や外部の相談機関に相談することも合わせて伝えている。各学級担任からも生活指導便りを用いて生徒に周知している。長期欠席等の気になる生徒については個別に連絡したり声かけしたりするなどして対応している。

また、その他の対応としては、外部講師を招いた全校一斉の「セーフティ教室」の実施、「自分を大切にしよう」[1]の視聴、毎月行っているインターネットトラブルを含めた安全指導等が挙げられる。

そして、道徳科や特別活動をはじめとする各教科・領域でも情報モラル教育を行うとともに、「いじめ防止授業」の内容をインターネット問題に関するものとして、教育課程全体で対応している。また、その都度、相談窓口一覧を紹介し、相談窓口一覧は共有ドライブからアップしていつでも見られるようにしている。

（田後要輔）

1）東京都教育委員会「自分を大切にしよう」
https://www.kyoiku.metro.tokyo.lg.jp/school/content/sos_sing.html

C03 サイトやアプリを活用するために、子どもが自分のIDやパスワードを適切に管理する

1　児童生徒に指導すべきこと

ID、パスワードの管理に関する知識・技能は、情報セキュリティに関する内容として基本的なことであり、情報システムを安心して便利に利用するためにとても重要である。

小学校段階から指導すべき内容として、不正アクセスや適切なパスワードの設定などが挙げられる。

2　不正アクセスについて

システムの利用権限が無い者がパスワードを見破るなどして利用する「不正アクセス行為」、利用権限の無い他者にパスワードを漏らす「不正アクセスを助長する行為」をしてはいけないことを、児童生徒に早い段階で指導する必要がある。単に、不正アクセス行為の禁止等に関する法律で禁止されていると教えるのではなく、情報システムを安心して、便利に利用するために必要であることを理解させることが重要である。

小学生には、IDを表札、パスワードを家の鍵に例えるなどして説明し、他人のパスワードを勝手に使ったり、パスワードを他人に漏らしたりしてはいけないことを理解させると良いであろう。

3　適切なパスワードの設定

パスワードは、「他者から推測されにくいこと」とともに「自分が忘れにくいこと」も考えたものとすることが大切である。なぜなら、長くて複雑な強固なパスワードも、覚えられなければ、どこかにメモをす

るなどしてしまい、そこから情報が漏れる可能性が高まるからである。

一般には、アルファベットの大文字と小文字、数字、記号を組み合わせる、10文字以上とするなどの条件を満たすと強いパスワードと見なせる。また、万が一、パスワードが漏洩してしまった場合の被害を小さくするために、サービスごとにパスワードを変更して、使い回しをしないことも重要である。なお、パスワードの定期的変更は現在では推奨されていない[1][2]。

「利用するサービス名の頭文字」に「ペットの誕生日など家族しか知らない情報」や「自分が好きな食べ物の語呂合わせ」を組み合わせるなどすると、安全性が高く、かつ、覚えやすいパスワードを作ることができる。

パスワードを考えさせ、パスワードの強度を判定でき、かつ、信頼できるサイトでパスワードの強度を確認させる演習を発達段階に応じて行うと良い。

（長谷川元洋）

1) 内閣サイバーセキュリティセンター（2022）「インターネットの安全・安心ハンドブック」https://security-portal.nisc.go.jp/handbook/index.html
2) 総務省（2022）『国民のための情報セキュリティサイト』https://www.soumu.go.jp/main_sosiki/cybersecurity/kokumin/index.html

C04 子どもが、「考えるための技法や思考ツール」を、ICT端末を使って適切に活用する

1　考えるための技法を促す思考ツール

　１人１台端末により、子どもが触れる情報は膨大に増える。さらに、文章や発表スライドなどによる表現も容易になる。だからこそ、それらの情報をどのように「整理・分析」するのかが重要になる。

　その技法の１つが「考えるための技法」であり、それを促すための道具が「思考ツール」である。

　「考えるための技法」とは、曖昧で大きな「考える」を具体的な技法として整理したものであり、総合的な学習の時間においては「考えるための技法」の例として、比較する、分類する、理由付ける等が挙げられる。そして、そのような「考えるための技法」を促すための道具が「思考ツール」である。比較するためのベン図、分類するためのXチャート、理由付けを促すクラゲチャート等、「考えるための技法」との対応を意識した活用が重要である。

　各教科等の学習を通じ、「考えるための技法」と対応付け、「思考ツール」を活用する経験を通して、自分で「思考ツール」を選択したり、いずれは、「思考ツール」なしで考えたりする経験を通して、「考えるための技法」を習得し、状況に応じて発揮することが期待される。

2　「考えるための技法や思考ツール」とICT

　紙でも、ICT端末でも、「考えるための技法」の発揮のしやすさに違いはない。ただ、ICT端末の強みは「考えるための技法」の前後で発揮されやすいということだ。

(1)　整理・分析の対象となる情報の多様化

　紙で「思考ツール」を活用する際には、そこで扱える情報は文字情報のみである。しかし、ICT端末を活用することにより、文字情報だけでなく、写真、映像、そして、過去の自分の考え、友達の考えなどを情報とすることが可能になる。そうすることで、これまで以上に多様な情報源をもとにした思考が可能になる。

(2)　まとめ・表現への移行が容易

　ICT端末を活用することによって、情報の移行が容易になる。個人で考えたことをグループで共有する、グループで考えたことを個人で参考にしながらまとめを行う等の作業が簡単になる。それによって、情報を行き来しながら、まとめ・表現するというような活動が可能になる。

(3)　友達の思考過程を参考に学ぶ

　先に述べたように、いずれは子どもが「考えるための技法」を選択し、それに応じた「思考ツール」を選んで思考することが期待される。ICTによって思考過程がクラウド上で共有されていれば、同じような課題に取り組む友達がどの考えるための技法を選んだのか、どの「思考ツール」で整理しているのか、何を情報としており、どう整理しているのか、といったような思考過程を常に共有することが可能になる。そうすることで、友達の考え方を参考にしながら考えることが可能になる。

　子どもたちが、目的に合わせて「考えるための技法や思考ツール」とICT端末をうまく組み合わせながら、思考を深めていく姿を期待したい。

（泰山裕）

C05　情報発信の手段の一つとして、子どもが、QRコードを作成し活用する

1　子どもが行う情報発信

　子どもたちが、学習の成果を発信する手段としては、様々な方法がある。特に、ICT端末を利用するようになってからは、ポスターを作ったり、パンフレットを作ったりすることのハードルは下がったといえる。さらに、紙に印刷するだけでなく、クラウドを利用した情報発信も簡単にできるようになり、画像だけでなく、動画なども扱いやすくなってきた。

　子どもたちが使う教科書にもQRコードが掲載されるようになり、QRコードは非常に身近になっている。

　例えば、子どもたちがICT端末を使って作成したコンテンツ作品や、発表会の様子をいろいろな人に紹介したいと考えたとき、インターネット上にそれらの作品を置くことはできる。そして、インターネットの場合、その場所、つまりURLをどのように伝えるかという点では、QRコードは大変有効な手段である。

　クラウドに置いた動画データのURLは、無意味なアルファベットの羅列となり、一つ一つ入力するのは、それだけでミスも多くなるだけに、QRコードでそれらが伝達できることは大きなメリットである。

2　QRコードの作成

　QRコードの作成に、特別なアプリは必要ない。QRコードを作成するwebサイト上に、表示させたいURLを入力（通常はコピー＆ペースト）して、作成する。

　また、ブラウザによっては、拡張機能として、現在表示している画面のURLをそのままQRコードにするなどの機能があるので、ますます簡単にQRコードを作成することができる。写真は、子どもたちが作ったポスターにQRコードを掲載したものである。

3　紙とネットの融合

　QRコードは、何かに印刷する必要があるため、具体的な流れとしては、次のようになる。

①コンテンツを作成する
②クラウド等へアップロードする
③クラウドのアクセス権を確認する
④表示場所のURLを取得する
⑤ツールや拡張機能を使って表示しているURLをQRコード化する
⑥QRコードを画像として保存し、印刷物に貼り付ける

　これら一連の流れのなかで、②と③は、子どもたちだけでは難しいかもしれないので、学校としてどのようにするかを確認することが大切である。

（中川斉史）

C06　子どもが、ICT 端末を活用して、発信したり、表現したりする

1　カリキュラム・マネジメントの推進

　学習指導要領（平成29年告示）で学習の基盤となる資質・能力（言語能力、情報活用能力、問題発見・解決能力）や現代的な諸課題に対応して求められる資質・能力の育成のためには教科等横断的な学習を充実させることが示されている。そのためには学校全体として児童生徒や学校、地域の実態を適切に把握して、教育内容や時間の配分、必要な人的・物的体制の確保、教育課程の実施状況に基づく改善などを通して、教育活動の質を向上させ、学習効果の最大化を図るカリキュラム・マネジメントを推進する必要性が示されている。

2　情報活用能力の育成

　「学習の基盤となる資質・能力としての情報活用能力の育成」（文部科学省[1]）では、「問題解決・探究における情報を活用する力」のなかに、「学習活動において必要に応じてコンピュータ等の情報手段を適切に用いて情報を得たり、情報を整理・比較したり、得られた情報を分かりやすく発信・伝達したり、必要に応じて保存・共有したりといったことができる力」とある。学校は創意工夫して学習活動を実施していく必要がある。

3　オリジナルサイト制作

　東京都八丈町立富士中学校の令和3年度におけるプログラミングの授業（技術科）では、資質・能力の育成のため学習者主体の教育手法である課題解決型の学習方法を取り入れた。各教科等と関連させて、「坂上班行動」（校外学習）で学んだ知識を活かして八丈島について紹介するオリジナルサイトの制作に取り組んだ。八丈町の企画財政課に講師を依頼して講話をしていただき、どのようなWebを作っていくのか、アイデアを練った。外部機関からプログラミングの専門家を迎えた授業では、生徒たちは「トップページを華やかにしたい」、「ムービーを入れて紹介したい」といった自分たちのアイデアに対して、すぐに具体的なアドバイスをしていただけた。無人航空機を活用して「名古の展望」や「足湯きらめき」などの動画撮影に取り組み、納得がいくまで作り込み、魅力的な学校サイト[2]を作成することができた。学習発表会でWebの紹介をするとともに学習したことをスライド等で振り返った。

　令和4年度は、関連させる教科を英語や数学等に広げてWebのバージョンアップを図り、三宅島との交流を通して、サイトの改善を進めた。

（田後要輔）

1) 文部科学省（2020）「学習の基盤となる資質・能力としての情報活用能力の育成」https://www.mext.go.jp/content/20201002-mxt_jogai01-100003163_1.pdf
2) 八丈町立富士中学校　http://www.hachijo-machi-tky.ed.jp/fuji-jhs/

C07　目的に合わせて、子どもが、情報収集に適した手段を選択する

1　情報とその収集手段の多様性

　情報収集の手段は多様である。大きくは、観察や実験、取材等による直接体験とメディアを介しての間接体験がある。

　後者に関しては、概ね3種類のメディアが存在する。一つは、マスメディアである。新聞や雑誌、書籍などの活字メディアとテレビやラジオなどの視聴覚メディアがある。不特定多数を対象とする。一つは、ウェブメディアである。インターネットを介して発信されている。Yahoo!などの大手のポータルサイトが該当する。一つは、ソーシャルメディアである。昨今は、個人による発信が増え、特に若者への影響力は大きい。YouTubeやLINE、Facebook、Twitterなどが代表的である。

2　小中学生の情報収集の特徴

　日本生活科・総合的学習教育学会が2014年に全国（抽出）の小学校5年生と中学校2年生、高校2年生に「総合的学習で育った学力調査」[1][2]を行った。

　小学校調査に総合的な学習の時間における情報収集に関する項目がある。「解決したいことを、インターネットを使って調べることができる」の肯定的回答（「そう思う」または「どちらかといえばそう思う」）が80～90％であったのに対して、「解決したいことを電話やメール、インタビューでたずねることができる」の肯定的回答は50～70％であった。中・高生対象の調査でもほぼ同様の傾向であった。

　子どもたちは、質問等の事前準備や相手とのやり取りが必要となる電話やメールなどより、検索するだけで容易に情報が得られるインターネットを好んで使っている。1人1台端末により後者の利用がより簡便になってくるが、前者の情報収集方法を経験しておくことは極めて重要である。指導計画の作成においてそのような活動を意図的に設定しておきたい。

3　目的に応じた情報収集手段

　社会の最新の状況を広く知るのであれば新聞やテレビなどのマスメディアが有効である。ウェブメディアとソーシャルメディアは、流される情報の真偽性及び商業性に問題があり、特に若年層の利用に関しては一層の注意が求められる。インターネット利用に関しては、教員が事前に確認したうえで子どもに安全なサイトを紹介することも必要である。

　地域の人や専門家への情報収集は、手紙やファックス等からメールに代わってきている。また、訪問取材に関しては、コロナ禍の影響もあり、オンライン取材が主流になりつつある。その場の様子や雰囲気はオンラインでは分かりにくい。近隣であればできる限り対面で行いたい。オンラインは継続的な取材で補助的に行いたい。

（村川雅弘）

1）村川雅弘・久野弘幸ほか（2015）「総合的な学習で育まれる学力とカリキュラムⅠ（小学校編）」、日本生活科・総合的学習教育学会『せいかつか＆そうごう』第22号、pp.12-21
2）久野弘幸・村川雅弘ほか「総合的な学習で育まれる学力とカリキュラムⅡ（中学・高校編）」、前掲書1）pp.22-31

C08 課題解決のために、子どもが、ICT端末を校外（家庭も含む）で適切に活用する

1 ICTの校外での利用

　ICT端末は、家庭に持ち帰ったり、校外に持ち出したりして活用することで、時間的・空間的な制約を越えた学びとなる。しかし、持ち帰りや持ち出しについては、Wi-Fi環境を整備することや、事前にルールの確認を行う必要がある。そのうえで、ICT端末を日常的に利用することによって、子どもが課題解決のために様々な場面で活用することにつながると考える。

2 生活科「あきみつけ」の事例

　生活科での事例を紹介する。小学校1年生の生活科の学習の一つに「あきみつけ」がある。身近な自然を観察することで、自然の様子や四季の変化などに気付くことを目標とする学習である。落ち葉や木の実などを拾いながら、季節の変化を見つける時間をしっかり確保し、体験活動を充実させると、子どもは自然と様々な発見や不思議に思うことを見つけていく。ある子どもは、見たことのない木の実を拾い、嬉しそうにしていたかと思うと、ICT端末を取り出し写真を撮り始めた。教室に戻って気付きを書くときに使いたいという思いからであっ

た。さらに、以前行ったことある画像検索で、木の実の正体を突き止めたいと考えていたようである。

3 体育発表会の事例

　運動会の事例を紹介する。運動会には、ダンスを披露するプログラムが設定されることも多い。6年生の学級では、自分たちでダンスの振付を考え、運動会で披露することになった。ダンスリーダーを中心に振付を作成したのだが、新型コロナ感染症の影響で分散登校が始まり、振付の練習時間を確保することができなかった。そこでリーダーは、ダンスのレッスン動画を撮影し、動画を共有することにした。それを受け取った学級の子どもたちは、家庭に持ち帰ったICT端末を活用し、動画を視聴しながら練習を行った。分散登校が明けると、今度は学級全体のダンス練習の様子の動画を撮影し、分析しながら修正し、ダンスを完成させた。コロナ禍でも、自分たちの力でダンスを完成させようと、ICT端末を家庭でも適切に活用しながら、課題解決をすることができた。

　このように、ICT端末を日常的に活用させ、様々な使い方を習得していくことによって、子どもたちはICT端末を課題解決の道具として適切に、そして、自在に使うようになると考える。

（橋本智美）

C09　休業時や欠席時に、子どもが、ICT 端末を活用して、学習する

1　「学びの保障」のための ICT 活用

　2020 年、新型コロナウイルス感染症の拡大に伴い、臨時休業を行わざるを得ない場合があった。文部科学省は、「新型コロナウイルス感染症対策に伴う児童生徒の『学びの保障』のための学習指導について」（2020 年）で、学校に登校できない児童生徒の学習指導について、「個人でも実施可能な学習の一部を ICT 等も活用して授業以外の場において行う」ことや、「テレビ会議システム等を活用したオンラインでの（学習状況の）確認」などを推奨している。休業時や欠席時に、子どもたちの学びを止めないようにするために、ICT の活用は有効である。

2　1人1台端末を活用した家庭での学習

　ICT 端末を活用した家庭での学習には大きく2つの場合がある。教師が子どもたち全員に家庭学習を課す場合と、欠席した子どもにオンラインで学校の授業に参加させる場合である。

　前者は、①授業の流れ、②到達してほしい目標、③パフォーマンス課題などを示したワークシートを ICT 端末に配信するとともに、テレビ放送や、教科書会社や地方自治体の教育委員会等が作成している動画、「子供の学び応援サイト」（文部科学省）などを視聴させることで、実施することができる。

　後者は、ビデオ会議システムなどで教室と家庭をつなぎ、授業を中継して実施する。体験活動や協働的な学習などでは限界があ

るものの、なるべく双方向のやりとりを取り入れたい。オンラインによる子ども同士のやりとりも、繰り返すことで、自然なものになってくる。

　なお、子どもが登校した際の学習の補充を忘れないようにしたい。

ビデオ会議システムなどで教室と家庭をつなぎ、授業を中継して実施した例

「6年生外国語の授業で配信した資料」
○友達に将来の夢をスピーチしよう！
　目的：友達に意外な一面が伝わるように、
　　　　スピーチする。
　場面：クラスのみんなに聞いてもらい、意
　　　　外だなと思う人を投票する。
　状況：教室で、プロジェクターを使ってス
　　　　ピーチする。
○なりたい職業とその理由を伝えよう！
　　　　　　　　　　　　　　　　（4時間目）

①　このスピーチどう直す？
②　スピーチづくり（15分）
③　スピーチ練習（15分）
④　スピーチカードに録音
⑤　動画を見る

3　子どもの主体的な学習

　ICT 端末を活用することで、子どもの主体的な学びは加速すると考える。

　例えば、小学6年生の社会科では、歴史を学んだ児童が、ICT 端末に蓄積してきたこれまでの学習履歴をまとめ、復習用のワークシートを作成し、欠席している学級の友達に配信した（C08）。また、運動会でダンスを披露するために、レッスン動画を作成し、家庭でも練習ができるように、学級の友達に配信した。

　ICT 端末を使えば、学校以外の場所でも学ぶことができることに気付かせたい。

　　　　　　　　　　　　　　　　（橋本智美）

C10　子どもが、ICT端末を活用して、他校や外国、地域の人々と交流する

1　空間的制約を超える特性・強み

　ICTには、距離にかかわりなく相互に情報の発信・受信のやりとりができる（双方向性を有する）強みがある。これにより、これまでは対面で会うことが難しかった人とコミュニケーションをとったり、見たり聞いたりすることができなかった場所や様子を知ったりすることができる。

　文部科学省からは「遠隔教育システムガイドブック（第3版）[1]」が出ており、機器の準備、学習形態、ネットワーク関連の情報など、具体的な活用につなげるための事例が多く紹介されている。

2　つながるまでの調整が大切

　インターネットを通して、容易に接続ができるようになったものの、対面と同様に考えていくこと、オンラインならではの特性を踏まえることが必要である。例えば、講師への依頼や、学習内容の共有といった事前の打合せはこれまで通り対面同様の調整が必要である。オンラインならではの調整として、画像ビデオの映りや、音声はしっかり聴こえるか、質問するときのマイクの声は相手に聞こえているかといったことが考えられる。

3　文部科学省が示している事例

　「外国語の指導におけるICTの活用について[2]」には、海外とつながる様々な工夫やアイデアが掲載されており、参考になる。

（堀田雄大）

1）文部科学省（2022）「遠隔教育システムガイドブック（第3版）」https://www.mext.go.jp/content/20210601-mxt_jogai01-000010043_002.pdf（2022.11.29時点）
2）文部科学省（2022）「外国語の指導におけるICTの活用について」https://www.mext.go.jp/content/20200911-mxt_jogai01-000009772_13.pdf（2022.11.29時点）

C11　子どもが、ICT端末を活用した学習方法を工夫し、友達と共有する

1　学校教育の向上に向けたICT活用

中央教育審議会（2021年）「「令和の日本型学校教育」の構築を目指して（答申[1]）」において、これからの学校教育を支える基盤的なツールとしてICTの活用が不可欠であり、今までできなかった学習活動の実施や家庭など学校外の学びを充実させることが学校教育の質の向上につながることが述べられた。また、特別な支援が必要な児童・生徒へのきめ細やかな支援や個々の才能を伸ばす高度な学びの機会を提供するうえでもICT端末を日常的に活用していくことの必要性が示された。

2　実社会・実生活のなかで活用できる資質・能力の育成

中学校学習指導要領解説（平成29年告示）総合的な学習の時間編には、探究的な学習のなかで、各教科等で育成する資質・能力を相互に関連付け、実社会・実生活のなかで総合的に活用できるようにすることが示されている。

そのため、学校は活動を充実させるために教科等の壁を越えた学習の基盤となる資質・能力を向上させていくことが重要である。ICT端末を活用して、情報を収集・整理する学習を取り入れた教育活動を計画していくことが有効である。

3　ワンランクアップ学習方法発表会

東京都八丈町立富士中学校では学年縦割班を作り、異学年間で家庭学習ノートの工夫や定期考査に向けた学習方法の共有を行うワンランクアップ学習方法発表会を行っ

てきた。「GIGAスクール構想」のもと、1人1台のICT端末が貸与されてからはICT端末を活用した学習方法の共有を行い、更に令和4年度からは、各教科で学習していることと実社会・実生活とのつながりを話し合いのテーマに加えた。縦割り班でデジタルホワイトボードを使い、テストや学習内容の定着に向けてICT端末を用いた学習方法、教科と実社会・実生活とのつながりについて話し合った後、各班をビデオ会議アプリでつないで、班ごとにどんな話し合いを行ったか発表して全校生徒で共有した。2年生は発表者役、3年生は司会役を務めることで、上級生はリーダーシップを発揮する経験をもたせる等の工夫を行った。

（田後要輔）

1）文部科学省（2021）https://www.mext.go.jp/content/20210126-mxt_syoto02-000012321_2-4.pdf

C12　子どもが、ICT端末を活用して、別の場所にいる友達と学習したり、活動したりする

1　校内のWi-Fi環境を有効に利用する

「GIGAスクール構想」とともに整備された校内の高速Wi-Fi環境は、ICT端末の活用場面を大きく広げた。学校の敷地内のどこでもインターネットがつながり、教室で利用しているアプリやサービスをそのまま利用することができるようになった。

このことは、運動場や体育館での一斉の活動だけでなく、小グループでの校内の活動にも大きな力を発揮する。例えば、社会科で行う校内の消防施設調べや、生活科の校内探検、理科での校庭の草花調べなど、その場で写真をとったものを1つの地図上で共有できる。また、手分けして情報を集めるときなどに、同じものをみんなが調べてしまうことを防ぐこともできる。自分の情報がみんなのためになるという体験にもなる。話し合い活動では、また違った活用が考えられる。グループでの話し合いの際、他のグループの声が気になって話し合いに集中できないとか、アイディア出しのときなどに、他のグループに話し合いの内容を聞かれたくないという場合もある。そんなとき、校内の別室で話し合いをしながら、授業をしている教室とビデオ会議システム等でつなぐことで、教室からの指示を聞いたり、場合によっては、そのまま話し合いを続けたりすることもできる。

コロナ禍でのグループ活動の際は、密を避けるためにこれらの仕組みを使って、グループ活動を行うこともできた。

2　子ども自身のビデオ会議リテラシー

実はこのことが、他の学校やゲストティーチャーとのビデオ会議のやり方の練習にもなっていることにも注目したい。そして、家庭から教室のビデオ会議システムに接続して授業を行うハイフレックス型授業でも、子どもが、一人でビデオ会議システムに接続する必要があるので、校内の別室からそれらの接続をすることは、オンライン授業を受けるための練習にもなっていると言える。

3　特別活動や行事での新たな活用

徳島県上板町立高志小学校で実施されたコロナ禍での6年生を送る会では、各教室間をビデオ会議システムでつなぎ、写真のように5年生の担当児童がそれぞれの教室へ行き、オンライン学習ツールをクイズの解答パネルとして利用し、全校児童が端末で参加するクイズ大会を実施した。そこでは、テレビ番組の中継のように、各教室の担当児童がメインの教室の児童とやりとりをしながら、クイズや出し物を進め、楽しく実施した。

これら、子どもたちにとってのオンラインツールは、彼らの創造性をさらに高めることにつながっていると言える。

（中川斉史）

C13　各教科等で学習したことをクラウドに蓄積して、関連づけながら学ぶ

1　教科横断的な学びが目指すもの

　これまでは学校教育において各教科等に分けられた知識や技能を確実に習得し、実社会に出てからそれらをつなげて活用することが求められていた。

　1989年の学習指導要領改訂で生活科、1998年の改訂で総合的な学習の時間が創設され、各教科等の知識や技能を関連させて活用する学びが行われてきた。

　今次学習指導要領（2017年）では、カリキュラム・マネジメントの一つ目の側面「各教科等の教育内容を相互の関係で捉え、学校教育目標を踏まえた教科等横断的な視点で、その目標の達成に必要な教育の内容を組織的に配列していくこと」に示されているように、教育課程全体で教科横断的な学びが奨励されている。

2　「知の総合化ノート」の試み

　生活科や総合的な学習の時間において教師が教科横断的な学びを意識して指導できるように、年度始めに年間指導計画を基に、生活科や総合的な学習の時間と他教科等との関連を明確化するワークショップ[1]が学年単位で行われてきた。

　一方で、子ども自身が各教科等や学校行事、部活動、委員会活動及び生活場面での学びや経験を情報としてつなげて整理する「知の総合化ノート」[2]が開発・提案され、各地の小中学校、高等学校で形を変えて実施されている。このノートはコミュニケーション力や問題解決力、情報活用能力など、資質・能力に関わるキーワードや環境や福祉、防災、ジェンダーなど現代的諸課題に

かかわるキーワードを子ども自身が設定し、様々な情報をつなげて整理するものである。

3　デジタル版「知の総合化ノート」

　1人1台端末により、子どもたちがクラウド上で様々な学びや体験をつなげて整理できるようになった。これまでは紙や付箋にとどまっていたが、これからは写真や動画も取り込み関連付けることが可能となる。

　下の資料は兵庫県たつの市立新宮小学校3年生（2020年）の作品の一部である。この児童は、プラスチックゴミについて調べたことや保護者へのインタビュー、ニュースなどの多様な情報を宿題の一つとして協働学習ツールを用いてまとめている。デジタル版の「知の総合化ノート」の典型例である。今後、このような学びが多くの学校で展開されていくだろう。

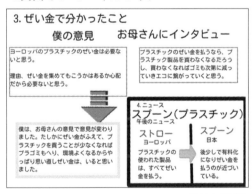

（村川雅弘）

1)　村川雅弘（2016）「総合的な学習の時間と各教科等との関連」、『ワークショップ型教員研修はじめの一歩』教育開発研究所、pp.74-78

2)　村川雅弘・三橋和博編著（2015）『「知の総合化ノート」で具体化する21世紀型能力』学事出版

C14 メールやSNSでやり取りするときは、文章表現に気を付ける

1 メールやSNSでやり取りする難しさ

メールやSNS上のやり取りは、対面と比較して非言語的な情報が少ないため、難しくなりやすい。もちろん、児童生徒がよく使用しているLINEなどのメッセージアプリにはスタンプ等があり、それらを使えば、ある程度非言語的なメッセージも伝えることはできる。しかし、対面での非言語的な情報と比較して、それらの使い方・受け取り方は難しいと考えられる。

また、SNS上ではグループが作られることがあり、グループが重なり合って複数存在するなど、リアルな人間関係の複雑さを反映したり、そのグループがさらに人間関係を複雑にしたりしているところにも難しさがある。そのグループに参加するかどうか、グループでのトーク（メッセージだけでなく、電話機能を使ったやり取りも含む）にどのくらい付き合うかといったことも問題になりやすい。

2 文章表現に気を付ける

メールやSNSでトラブルを生まないための方法の一つとして、文章表現に気を付けることが挙げられる。

以下に、文章表現に気を付ける力を育むためのワークを2つ紹介する。

⑴ 人によって受け止め方が違うことを知る

このワークでは、①ちょっとからかわれる、②おもしろいニックネームを付けられる、③スタンプがいっぱい送られる、④長文のメッセージが送られてくる、といった行動について、自分はどのくらい嫌な気持ちになるか評定し、その後、クラス全体やグループでシェアする。このワークでは、人によって嫌だと思うポイントが異なることに気付いてもらうことをねらいとしている。

⑵ わずかな違いが与える影響について知る

このワークでは、メールやSNS上のやり取りで起こりがちな打ち間違いがトラブルに発展することについて学ぶ。

総務省のリーフレット[1]や様々な書籍[2]で取り上げられているのは、「？」をつけ忘れた例である。例えば、メッセージアプリでの以下のようなやり取りについて考えるワークをすると理解が深まりやすい。

A：「あー明日暇だなー」

B：「暇なんだ！じゃあ、明日、遊ばない」

具体的には、Bさんに「遊ばない」と言われたAさんはどう思うか、もし「遊ばない？」と「？」が付いていたら、どのように違ったかを考えてもらう。「？」が抜けただけだが、打ち間違いやミスをすることで、伝わるメッセージが大きく異なることを学ぶことができる。

また、「分かった」と「分かった(^o^)」といったフレーズの印象を比べてもらうのも一つの方法である。両者の違いは一つの絵文字があるかどうかだが、随分と印象が変わること、また人によって感じ方が違うことも感じられるとよいだろう。

さらに、メールやSNSに限ったことではないが、やり取りする上で自分と相手の「つもり」が違うことがある点も学んでおけるとよい。そして、自分の「つもり」が

相手に伝わるように、メッセージの内容や順番の在り方についても学ぶことが大切だと思われる。

3　メールやSNSのメリット・デメリットを考える

文章表現に気を付けるワークに加えて、メールやSNSのメリット・デメリットを考えるワークをするとさらに理解が深まりやすい。

まずは、ワークシートを用いて、個人でメールやSNSのメリット・デメリットについて考える。その後、グループでメリット・デメリットについて話し合い、学級全体でシェアする。

大人から一方的に教わるのではなく、自分たちが普段スマホ等を使って感じていることを、自分たちで整理することに意味がある。

*

前述したように、メールやSNSでのやり取りは難しい。しかし、トラブルを起こさないようにするためにメールやSNSを禁止するという方法は、長期的に考えるとよい解決方法とは言えない。最初は大人の管理のもと、学校や家庭で少しずつ学んでいくことが望ましいと考えられる。

（小倉正義）

1）総務省（2022）「実際に起きていることでネットの使い方を考えよう！インターネットトラブル事例集」https://www.soumu.go.jp/main_content/000707803.pdf
2）竹内和雄編著・ソーシャルメディア研究会著・吉川徹医学監修（2022）「イラスト版10分で身につくネット・スマホの使い方」合同出版

C15　集めた情報を、子どもがクラウドを使って共有したり、協働で作業したりする

1　未来の創り手を育成するために

「GIGA スクール構想」の一環として、1人1台の ICT 端末が整備された。ICT 端末を活用して子ども同士がお互いの考えの共有化・整理・保存をすることで、行事や生徒会（児童会）を子ども主体の活動にすることができる。また、ICT を活用した地域との協議・協働・発信により、八丈島に愛着をもち、ふるさと貢献活動を通して未来の創り手に求められるリーダーシップとコミュニケーション能力を育成することができると考える。

2　小中高児童・生徒、地域合同会議～タテヨコ連携ワークショップを通して～

東京都八丈町立富士中学校では、小学校3校、中学校3校、高等学校1校の7校による合同会議を地域の方々を招いて開催した。発表準備のための資料、ワークショップの成果物はクラウドで共有できるようにした。実際の開催はコロナ感染等の懸念が高まったため、児童生徒は各所属校からオンラインで参加し、地域の方々には富士中学校の一室をパブリックビューイングと

して開放する対応をとった。合同会議の目的は、「生徒会交流を皮切りに各校の学習面・生活面の良い点、課題や改善策を共有するなかで小中高を通した資質・能力の育成を見据える。併せて児童・生徒間でリーダーシップを発揮し学び合う。各校と地域の現状を共通理解し地域の学校づくりのための支援をいただく」とした。会議は2部制として、1部を各校の取組発表（成果と課題）、第2部をタテヨコ連携ワークショップとした。第1・2部ともに ICT 端末を使用して行った。島の小中高みんなでやりたいこと、小学生から大人や中高生にお願いしたいこと、中高生は自分達ができることなどを話し合うことで将来を見据えるきっかけづくりを行うことができた。

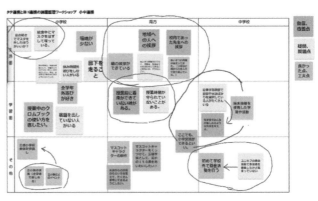

「他校を知る機会を用意していただきありがとうございました！自校を変える良いアイデアが浮かびました！」との感想等もあり、「オール八丈島」で将来のことを考えるきっかけとなった。

（田後要輔）

1）村川雅弘（2021）『子どもと教師の未来を拓く総合戦略 55』教育開発研究所、pp.84-87

C16 ICT 端末の使い方が分からない時に、子ども自身が友達や教師に聞く

1 今後予想される社会で求められる力

現代の子どもたちが社会で活躍する頃には、AIの技術やグローバル化は一層進み、今以上に変化の激しい時代を迎える。今次学習指導要領では、子ども自身が学習活動を見通し、振り返り、課題を解決していこうとすることや、他者と協働し学び合うことで自分の考えを広げ深めること、子どもが新たな課題に対し、ものの見方・考え方を働かせ追究し続けることなどが求められる。

様々な課題を仲間と対話し、合意形成しながら解決するために、子どもたち同士のコミュニケーション力は重要である。

2 「学び合い」を突破口に環境づくり

福岡県福岡市立志賀中学校では、子どものコミュニケーション力の不足や、人間関係の希薄さから様々なトラブルが起こっていた。その打開策として、西川（2012）が提唱する「教師は教えずに、子どもたちが教え合い学び合うことで学習が成立する[1]」という「学び合い」を全校で進めることとした。

最初は、「そんなことができるの？」と疑心暗鬼で始めた教員も、子どもたちが課題解決のために話し合いを始め、教え合う姿が見え始めると、次第に「学び合い」の授業にのめり込んでいった。

各教室には、教員や子どもたちが常に意識できるように、「分からない仲間を見捨てない、みんなで分かるようになる」という「学び合い」のスローガンや、話し合いのルールを掲示した。

分からない子どもにどう説明すれば分かるのかを一番知っているのは幼い頃から生活をともにしてきている子どもたち自身だ。教えてもらった子どもは分かるようになり、教えた子どもは既存の概念が深まる。

志賀中学校では、新たに導入されたICT端末を活用した授業においても、分からないことは子どもたち同士で教え合いながら理解

しようとしている。

「学び合い」の考え方は、「多様な人と折り合いをつけて、自らの課題を解決すること」である。

3 分からないときに聞く

分からないことを周りに気にせず聞ける力は、課題解決の第一歩であり、素晴らしい資質・能力である。教員は、子どもたちに、「分からないときは、恥ずかしがらず先生や友達に聞こう。それは、素晴らしいことである」と教えていきたいものである。

（知念透）

1) 西川純（2012）『クラスがうまくいく！「学び合い」ステップアップ』学陽書房

C17　子どもがICT端末を活用して、様々な行事や委員会活動等の企画・提案・振り返り・改善を行う

1　自治的能力や社会参画する力の育成

　学習指導要領（平成29年告示）解説特別活動編には「特別活動全体を通して、自治的能力や主権者として社会参画する力を育てることを重視し、学級や学校の課題を見出し、よりよく解決するために話し合って合意形成すること、主体的に組織をつくり役割分担して協力し合うことの重要性を明確にした」とある。

　また、文部科学省（2022年）「生徒指導提要」には、「児童生徒にとって、一番身近な社会である学級や学校の生活に目を向けて、自分達でより良い生活や人間関係を築くために、児童会・生徒会活動および代表委員会や各種専門委員会などにおいて、学校生活の充実と向上のための課題を児童生徒が自ら見出し、協力して実践したり、自らの発意・発想を生かして活動計画を作成したりすること、自分の果たすべき役割などについて考え、決めたことを協力して取り組ませること」などが示された。

　学校は児童会・生徒会活動や学校行事において、児童生徒一人一人が主体的に参加できるように、工夫していく必要がある。

2　生徒の声を取り入れた教育の実現へ

　東京都八丈町立富士中学校では生徒会活動、各種専門委員会および学校行事において、ICTを活用して考えの共有化・整理・保存をし、生徒会や学校行事を生徒主体の活動にすることを目指している。活動の振り返りはPDCAサイクルを用いて行い、次年度への改善計画立案までの過程を1枚のシートに取りまとめた。

　令和3年度には数名の生徒有志と「マトリックスを用いた学校行事の最適化ワークショップ[1]」を行った。学校行事を含めた教育活動全体を1枚の表にまとめ、それを用いて振り返り、良かった点はブルー、課題はイエロー、改善点はピンクの付箋紙に生徒の意見を書き込み、皆で共有する取組である。令和4年度は全校生徒でこの取組を行い、ICT端末を使って個人でも振り返りを行った。

（田後要輔）

1) 村川雅弘（2022）「さまざまな教育活動の見直し・改善に生徒が協働的にかかわる」、『教職研修』6月号、教育開発研究所、pp.100-101

C18　子どもが、ICT端末を活用して、現代社会の問題を見つける

1　現代的諸課題への関心と理解

　地球温暖化による異常気象、新型コロナウイルス感染症、AIの発達による仕事の変化などは、世界全体が抱える課題である。我が国に目を転じても、多様な災害の多発、少子高齢化と過疎化などの課題が山積している。子どもたちは生涯にわたりこれらの課題解決に協働して立ち向かわなくてはならない。

　今次学習指導要領の「育成を目指す資質・能力の３つの柱」も、これらの課題に怯まず立ち向かっていくための力の育成を目指している。

　環境教育や福祉教育、国際理解教育、防災教育などの、いわゆる「○○教育」に関しては、2008年告示の学習指導要領で「総合的な学習の時間」が創設されてからは、児童生徒や地域の実態に応じて取り組まれている場合が多い。また、○○教育にかかわる知識や技能は各教科等で断片的に扱われている[1]。教員や子どもが現代的諸課題との関連を意識して各教科等の学習に取り組むかどうかが重要である。

　神戸大学発達科学部附属明石中学校（2020年度に閉校）は、環境教育と国際理解教育の内容と各教科等の単元・教材との関連を一覧にし、詳細な解説を記したガイドブックを生徒に配布していた[2]。生徒は今学んでいる内容が環境や国際理解にどうかかわるのかを確認して授業に臨んでいた。示唆に富む取り組みである。

2　安全かつ最新の情報源

　教科書は作成に２～３年かかり、採択後は４年程度使用されるので、情報自体は古くなる。世界及び我が国の状況は刻々と変化している。実際、今次改訂時においては、新型コロナウイルス感染症に関しては考慮されていない。また、今や誰もが知っている「線状降水帯」も、2017年の学習指導要領には反映されていない。

　各教科等の学習と現代的諸課題を繋げて考える、関連付けて理解するためには、教員も子どもも日々流されている時事的情報に触れることが大切である。しかし、子どもが大人向けの新聞やテレビ等のニュースを読解・視聴し理解することは難しい。また、教員がそれらを紐解いて示すにはハードルが高い。

　子ども向けの新聞が存在する。例えば、「朝日小学生新聞」は日刊、「朝日中高生新聞」は週刊である。大人向けの新聞の内容を吟味し、分かり易く解説している。安全かつ最新の情報が発信されている。これらの新聞にはデジタル版（「朝日小学生新聞デジタル for School」「朝日中高生新聞デジタル for School」）がある。「GIGAスクール構想」の実現に合わせて開設された。直近２年分の記事をキーワード検索できるので、総合的な学習の時間や各教科等での情報収集にも有効である。子どもが学校の学習を通しての興味関心事項をさらに追究することも可能である。

（村川雅弘）

1) 村川雅弘（2021）「現代的諸課題に対応する資質・能力と教科横断的な学び」、『子どもと教師の未来を拓く　総合戦略55』教育開発研究所、pp.24-27
2) 神戸大学発達科学部附属明石中学校（1996）『環境・国際理解教育ガイドブック』

C19　クラウド上の学習履歴をもとに、子どもが自分の学びや学び方を振り返る

1　まずは気軽にクラウド活用

　埼玉県私立さとえ学園小学校では、１年生の初めからクラウドを活用した授業を行っている。

　例えば授業で、ある児童が持っているみんなに紹介したい写真を共有するとき、教師は「ドライブ[1)]にアップして」と伝える。するとその児童は写真をドライブにアップし、他の子どもたちはクラウドにアクセスして閲覧する。日常的にこのようなやりとりを行うことで、個々の学習履歴は自然と蓄積されていく。A06・A19で紹介している「レベルアップ型ルール」でのWebテストにおいても、クラウド活用ができていないと次のステップに進めないようになっているため、クラウド活用は学びの大前提となっている。

　また、低学年では、「今日の学校はどうだった？」という保護者の問いに対して「楽しかった」という言葉で終わるのではなく、クラウドにアップしたデータを示すようにすれば、子どもたちは学習活動の様子を具体的に答えるようになる。

　高学年では、自らの学びの振り返りにクラウドを活用することができる。例えば、復習としての宿題をただこなすのではなく、クラウドにアップしたデータを閲覧して振り返ることで、その日の授業を総合的に理解して、学習の定着につなげる。

2　ビッグデータ活用へと繋がる取組

　データはどんどん貯める。そして、検索機能を用いて数あるデータから自分が欲しい情報をさっと導き出すことができる。こ

のような経験をすることで、活用を見据えてどのようにデータを収集すればよいか、また分析するための適切な方法は何かなど、ビッグデータを活用するために必要なことを学ぶ。

　例えば、算数の問題を解いていくなかで正解した問題と間違えた問題があるとする。それらを「正解」「間違え」というふうにタグをつけて保存していく。たくさん集まったところで「間違え」で検索すると、今まで間違えたところだけが導き出される。そしてそれらをスケジューリングすれば、日々の家庭学習となる。

　これこそが「eポートフォリオ」である。

　なお、下の表は、ビッグデータ化によるメリットを整理したものである。

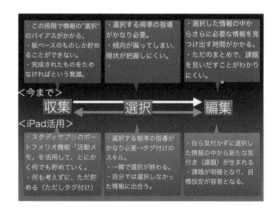

3　通知表や宿題がなくなる?!

　「eポートフォリオ」は日々の学習の評価が可視化され、自ら足りないところや、やるべきことが明確になるため「なくなる」のである。

　　　　　　　　　　　　　　　　（山中昭岳）

1)　Googleでは、クラウド上の保存場所を「グーグルドライブ」と呼んでいる

C20 子どもが、自分の学習ニーズに応じて、アプリやサイトを活用する

1 子どもを交えたルールづくり

　新型コロナウイルス感染拡大により、子どもたちは、運動会の練習について多くの制限を受けた。一方教師も、雨天時の子どもたちの練習場所の確保に頭を悩ませた。図書室、体育館、PC教室を学年ごとに割り当て、教員を配置し三密対策を徹底するなど、対応に追われた。そんな矢先、福岡県福岡市立志賀中学校では、生徒会から「昼休みに、ICT端末を使って、体育会（運動会）のダンスの振付を調べたい」との要望が上がった。そこで、生徒が昼休みにICT端末を利用するうえでのルールを改めて担当教員と生徒会で作ることにした。

2 ルールは必ず学習集会で確認

　作ったルールについては、まず職員会議で検討し、その後、集会で生徒会役員から全校生徒に説明した。そして説明後、生徒はルールを守りながらICT端末を使い始めた。生徒会役員は、ICT端末の使い方を見守った。また、不必要なサイトを利用していれば、生徒同士で注意し合うルールも定着していった。

3 ICT端末の具体的な活用例

　昼休み、生徒は、ICT端末のドリルアプリを活用して学習したり、ダンス風景をICT端末で撮影し、その映像を見て、振付を練習したりするなど、ルールを守ってICT端末を使用するようになっていった。

　さらに、学校外のICT端末の使用ルールについても確認した。これにより、Wi-Fiの環境があれば、自然教室でスケッチをするために映像を録画する、修学旅行中に目的地を検索したりスケジュールを確認したりする、高等学校の体験学習で、説明する教師の話を文章作成ソフトで記録するなど、活用方法に広がりを見せた。

　ただ単に使い方を制限するのではなく、子どもたちとともにルールを確認することで、使い方は広がり、学びは深まる。

（知念透）

C21　子どもが、適切に AI ドリルや動画を活用する

1　AI ドリルの日常的利活用

　１人１台端末が配布され、学校や自治体によっては、デジタルドリルを導入している。教師が教材を配信したり、子どもが問題を選んだりするデジタルドリルに対して、AI ドリルは、児童生徒の解答内容から AI が理解度を判定し、誤答の原因と推定される単元に誘導するなど、個々の児童生徒にとって最適な出題をすることで一人一人の学習を助ける教材である。この AI ドリルは、授業の終末段階などに練習問題として活用されるだけでなく、家庭学習や朝学習の時間など、様々な場面で活用することができる。教師が、この時間に使いましょうと指定するだけでなく、使う場面を子どもに委ねることで、子どもは、目的をもって AI ドリルを活用できるようになる。

2　課題解決のための AI ドリルや動画の活用

　家庭学習において、課題解決のために AI ドリルを活用することができる。例えば、小学校において、単元の学習が終わり、単元末テストの日程を子どもに事前に知らせておくと、ある児童は、AI ドリルを活用して復習を行うようになった。普段から、家庭学習の際には、「①学習の目標②目標に向けた学習計画③ AI ドリル④問題をやってみての分析⑤反復練習や動画の視聴[1]」のステップを意識させるようにしている。その児童は、「テストで 100 点をとれるようになる」と目標に掲げ、そのために AI ドリルを活用し、学習時間や量を自分で決め、今自分はどこまでできているのかなどを確かめながら学習に取り組んでいた。また、目標に向けて、分からない問題、間違えてしまった問題を分析し、分かるようになるように、AI が設定した動画を視聴したり、再度問題を解いたりすることで、着実に理解を深めていたのである。AI ドリルは、家庭学習などで、子どもが学びを自分で調整する際に活用すると効果的であることがわかる。

　また、授業での学びを深めるために動画を活用することもできる。例えば、体育科で「跳び箱」の学習をしているとき、ある児童が、タブレットで自分が跳んでいる様子を撮影しながら、どこを修正すれば跳べるようになるのかという課題をもった。すると、休憩時間に NHK for school などで体育番組を自ら検索して視聴し、跳び方のコツを確認し始めたのだ。繰り返し跳び方

を確認し、家庭学習でノートにポイントをまとめてきた児童は、翌日、実践をしながら、さらに跳び方を修正していた。まさに、課題に向けて１人１台端末を活用しながら自分の力で解決をしようとする姿であった。子どもが課題をもったとき、AI ドリルや動画は解決していくための重要なツールになり得ることが分かる。

（橋本智美）

1）葛原祥太（2019）『「けテぶれ」宿題革命!』学陽書房

C22 子どもが、自分のICT端末の活用の仕方を振り返り、改善点を見出そうとする

1　情報活用能力の育成

学習指導要領（平成29年度告示）総則には、情報活用能力の育成を図るためには、コンピュータや情報通信ネットワークなどの情報手段を活用するために必要な環境を整え、これらを適正に活用した学習の充実を図ることが示されている。学校はICT端末をはじめICTを日常的・効果的に活用することを推進し、児童生徒の発達の段階を考慮した情報活用能力（情報モラルを含む）等の学習の基盤となる資質・能力を育成していくことができるよう教育課程の編成を図る必要がある。

2　情報リテラシー向上会議

東京都八丈町立富士中学校では情報リテラシーを「適切な情報を収集し、収集した情報を自身の目的のために正しく利用するための能力」と定義して、ICTを活用してやりたいこと（目的に応じて発信する、人と適切にコミュニケーションをとる等）が円滑に行えるICTの良い部分に焦点を当て、年間の学習を振り返ることを目的とした「情報リテラシー向上会議」[1]を令和3年度に実施した。

前半はICTを活用した学習の振り返りを生徒有志による学習発表で行った。発表は国語、技術（オリジナルWebページ作成）、生徒会活動（話し合い3か条等）の3つの発表とした。コロナ禍の開催であり、実行委員と発表者以外の生徒は教室にてオンラインで参観する対応とした。国語では、同じ新聞記事「新年度　学級削減で教員2人減」『南海タイムス』[2]をもとに小学校5年、中学校2年、高等学校2年の児童生徒が意見交流を行った授業を振り返った。文部科学省の「教師のバトン」[3]にネガティブな書き込みが多いこと、ストレスを抱えての離職者や退職者が増えていることに着目した際に、小学生から「教員の削減をどうしたら止められる」の言葉を受け、「私たち児童生徒一人一人が自主的に取り組むことが先生方の労働環境の改善につながる」と提案したことを発表していた。後半の生徒4名（内1人はオンライン参加）と地域コーディネーターの方とのパネルディスカッションでは、コミュニケーションやリーダーシップ、地域貢献意識等について協議を行った。

ICTを活用して八丈島を発信していくことも地域貢献につながる視点を、児童生徒にもたせることができたディスカッションであった。子どもの学習成果を教育課程編成に生かせる学校でありたい。

（田後要輔）

1) 村川雅弘（2022）「さまざまな教育活動の計画・運用に生徒が主体的にかかわる」『教職研修』4月号、教育開発研究所、pp.100-101
2) 南海タイムス（2019年3月22日）
3) 文部科学省（2021）「教師のバトン」https://www.mext.go.jp/mext_01301.html

5章

ICT 活用による業務改善

概説　**学校全体で取り組む ICT を活用した効果的な業務改善による教員の働き方改革**

1　本章の基本的な考え

社会は、AIの技術やグローバル化が急速に進み、変化の激しい時代を迎えている。子どもが、予測不可能な未来社会を自立的に生き、社会の形成に参画できる資質・能力を身に付けることができるよう、学校は教育のより一層の改善や充実が求められている。

文部科学省が実施した「教員勤務実態調査」(2016) では、業務内容別の「教諭の平日の勤務時間」について、10年前の2006年と比較した結果、小学校では「授業」「学年・学級経営」、中学校では「授業」「授業準備」「成績処理」「学年・学級経営」の時間が増加するなど、教員の負担が増加している実態が明らかとなった[1]。

調査の結果を受けて、文部科学省は2017年6月に中央教育審議会に諮問を行い、2019年1月、「新しい時代の教育に向けた持続可能な学校指導・運営体制の構築のための学校における働き方改革に関する総合的な方策について（答申）」が取りまとめられた。

答申を踏まえ、文部科学省は、教員のこれまでの働き方を見直し、子どもたちに対して効果的な教育活動を行えるようにするため、各教育委員会及び各学校がそれぞれの権限と責任において取り組むことが重要と考えられる方策を整理し、各教育委員会に対して必要な取組の徹底を呼びかけた。同時に、各地方公共団体の長に対して、教育委員会への積極的な支援を依頼した[2]。

ところで、学校における働き方改革の目的は、現在の教員の厳しい勤務実態を踏まえ、教員のこれまでの働き方を見直し、教員が我が国の学校教育の蓄積と向かい合って自らの授業を磨くとともに日々の生活の質や教職人生を豊かにすることで、自らの人間性や創造性を高め、子どもたちに対して効果的な教育活動を行うことができるようにすることである。

第5章（GIGA すごろく「業務改善」ゾーン）は、「改訂版 全国の学校における働

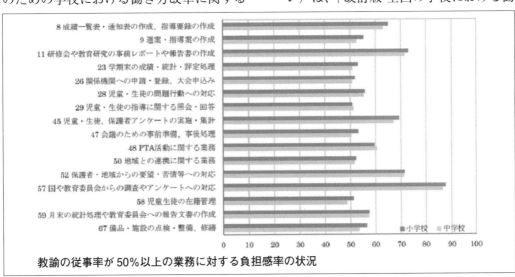

教諭の従事率が 50％以上の業務に対する負担感率の状況

き方改革事例集」（文部科学省2022年2月）を基に、「子どもの管理」「学級事務・授業管理」「行事管理」「会議・勤務管理」「校務分掌管理」の5つのカテゴリーに分け、課題解決に繋がる具体的な事例を紹介し、学校の働き方改革が組織的に取り組めるよう構成・作成されている。

2　GIGAスクール構想下の校務の情報化

文部科学省は2022年3月、「GIGAスクール構想の下で整備された学校における1人1台端末等のICT環境の活用に関する方針について（通知）」を示した。そのなかで、⑥校務の情報化の推進の項目において、①教職員の校務や保護者負担の軽減を図るために、多様なツールを活用した校務の情報化を進め、学校における働き方改革を一層推進することも重要である。その際、「令和3年度教育委員会における学校の働き方改革のための取組状況調査結果等に係る留意事項について」（令和4年1月28日付　初等中等教育局長通知）を踏まえ、教職員間や学校・保護者等間における情報共有や連絡調整に係る手段をデジタル化する等、ICTを活用した校務の効率化に積極的に取り組むこと、②学校における働き方改革をより進めるため、クラウドサービス等を利活用した校務の情報化の在り方については、「GIGAスクール構想の下での校務の情報化の在り方に関する専門家会議」における議論を踏まえながら、令和4年度中に今後の方向性を示す予定であることが示された。

学校における1人1台端末等のICT環境の急速な整備を受け、1人1台端末のアプリケーションやサービスを積極的に活用し、校務の情報化を進め、データをクラウド化するなど、教員が必要なデータをいつでも、どこからでも取り出し活用できるように改善が求められている。校務の情報化を通して、学校の働き方改革が今後一層進められることになる。

3　様々な働き方事例集に学ぶ

学校で働き方改革を進めるうえで、何か1つをやれば解決するという特効薬があるわけではないため、課題ごとにスモールステップで取組を積み重ねることが必要である。学校ごとに課題の背景や程度等の状況が異なるものの、多くは、共通している場合が多い。

文部科学省は、「それぞれの事例の裏で、どのような背景があり、どのように課題を乗り越えたか、といったプロセスが見えるとより参考にしやすい」という意見を踏まえ、「GIGAスクール構想」の進展に伴い重要性が増している「ICTを活用した校務効率化」や、働き方改革に大きく資する「教員業務支援員の有効活用」に焦点をあてた事例集[3]を作成した。

各学校の業務改善を進めるうえで、事例集を通して改革の糸口を見出すことは、ゼロから解決策を考えるよりはるかに有効である。筆者自身、事例集を参考に校務の改革に繋げた。業務改善を通して、教員は新たな時間を獲得し、これまで先送りにしていた業務に取り組む時間を当てることができた。先進校の取組から学ぶことは多いが、学校の実情に応じて先進校の事例に変更を加え、それぞれの学校で使いやすく加工することが重要である。

（知念透）

1）文部科学省（2018）「教員勤務実態調査（平成28年度）集計【確定値】～1週間当たりの学内総勤務時間数の分布～」
2）文部科学省（2019）「学校における働き方改革に関する取組の徹底について」（各都道府県知事・教育委員会教育長等宛 事務次官通知）

D01　ICTを活用して、子どもの出欠状況を管理する

1　朝の職員室と把握に追われる担任

　コロナ禍の現状において、陽性が疑われる場合、また陽性が明らかになった場合、本人はもちろんのこと、兄弟姉妹や、保護者の様子などを聞き取り、把握しておかなければならない。しかし、コロナ以外の欠席連絡なども入ってくるため、電話対応が追いつかないことがある。欠席理由は要録等の記録に残るために、正確に担任に伝えなければならないのだが、その連絡方法は紙のメモや付箋紙であることもしばしばである。その情報が担任にすぐに伝わり、健康観察簿や出席簿にすぐに転記されれば良いのだが、紙であることが災いして紛失したり、必要な項目が欠落していたりして、担任に伝わらず、再度保護者に聞き直すようなことになれば、苦情の種にもなりかねない。

　一方、担任の立場からすると、欠席した子どもの状況が分からず、職員室に問い合わせるも、欠席連絡を受けた職員が別の電話対応をしている場合、担任が再度問い合わせるか、職員室から再度当該教室への連絡をする必要が生じる。これは職員室で仕事をしている職員にとっても担任にとっても時間のロスとなる。

2　保護者からの欠席連絡がダイレクトに反映される仕組み

　保護者からの欠席連絡を正確に記録し、担任が把握しやすくするために、岡山県真庭市立勝山小学校では、アンケートフォームを活用している。コロナ関連の欠席連絡フォームと一般欠席連絡用のフォームを準備し、チラシ一枚にそれぞれのQRコードを掲載し、簡単な説明を書いて家庭に配付した。また、そのチラシは、家庭のよく見えるところに貼っていただくようにお願いをした。なお、コロナ欠席と一般欠席のフォームを分けた理由としては、フォーム作成当時は教育委員会から感染状況や感染判定方法、感染経路や感染に至るまでの経緯が分かっている場合はそれも聞き取るようになっており、一般欠席連絡には必要のない項目が入っていたからである。

3　欠席連絡フォームを導入して

　フォームへの入力が難しい場合は従来通り電話連絡も受け付けているが、多くの保護者がフォームを活用してくれるようになり、朝の電話連絡が明らかに減った。保護者は、教職員が学校で連絡を受けられる時刻になるまで待つ必要がなくなった。また、フォームに入力された時刻を見てみると、朝6時台からのものもある。保護者にもメリットがあることが分かる。

　校務支援システムを活用して欠席連絡をする自治体もあるが、フォーム同様、双方の手間を減らすメリットがある。

（松浦浩澄）

D02 ICTを活用して、子どもの情報を一括管理し、活用している

1 校務支援システムの活用

多くの学校では、学籍の管理や成績処理等の機能が搭載された校務支援システムが導入され、校務の効率化が一気に進んだ。情報は、クラウド等に保存されるため、これまでの紙媒体と比較して、安全性や情報共有のしやすさの面で教員の働き方改革に大いに貢献している。

2 専科教員・養護教諭と担任間における情報共有と問題の早期発見

校務支援システムの良さの一つに、情報の一括管理がある。システムのなかの各種フォルダに入れた子どもの情報は、必要に応じて全教職員で共有できる。

下の写真は、新宿区の小中学校が採択している校務支援システムの実際の画面である。「出席簿」や「成績処理」、「個人カルテ」や「いいとこみつけ」などの機能を活用することで、専科教員・養護教諭と担任間で子どもの成長や課題等を共有するとともに、子どもの多面的な理解及び指導に活用している。

また、健康診断の結果も一括管理することで、日常では把握しづらい子どもの健康状態を養護教諭と担任が共有しやすくなっ

た。身長や体重の変化からは、身体的な不調の他に、精神的な不調や家庭生活上の問題なども考えられる。養護教諭と担任が連携し、子どもの観察や聞き取りを行い、問題の早期発見、早期対応に結び付けることも可能となった。

3 情報管理の徹底

便利になった一方で、情報管理の徹底が必要である。プリントアウトした紙媒体や端末には、特に管理を徹底していきたい。散見される望ましくない事例は、以下のとおりである。

・プリンターにプリントアウトしたデータが残っている。
・職員室の机上に、内容が見える状態で置かれている。
・画面が見える状態で離席する。
・教室の教卓に端末を置いて離席する。

これらは、個人情報の流出につながる恐れがあるため、全教職員が意識した行動を取るとともに、学校全体で常に注意喚起を図るなどの対策を講じていく必要がある。

（清水仁）

文部科学省（2022）「改訂版 全国の学校における働き方改革事例集」

D03　ICTを活用して、子どもの検温の結果や体調等を把握する

1　新型コロナウイルス感染予防の取組

新型コロナウイルス感染拡大による全国一斉の臨時休業以降、学校では、子どもたちの検温や細やかな健康観察が継続されている。

通常、子どもたちは、自宅で検温した結果を健康チェックカードに記入し、毎日担任に提出する。担任は、一人一人の健康チェックカードをクラス毎の一覧表に転記して保健室へ提出する。また、養護教諭は1時間目の授業開始前までに教師用のICT端末に打ち込み、データ化する。

作成されたデータは、子どもたちの健康管理に役立てたり、教育委員会への報告書類等に活用したりしているものの、担任は10分ほどしかない朝のホームルームの大半を子どもたちの健康チェックに費やし、養護教諭は情報共有のための資料作成に時間を費やしている。

2　ICTサポーターの活用

福岡県福岡市立志賀中学校は、新たな学習支援員の制度を活用して、ICTサポーターを常駐させた。担任と養護教諭の業務の軽減を考え、担任の業務は子どもから健康チェックカードを集めることとし、ICTサポーターは、養護教諭が行う記録の入力を手伝うようにした。

その後、養護教諭は、子どもの検温結果を入力すれば、平均体温より0.5℃以上体温が高い子どもの欄が黄色で示されるように、ICTサポーターに依頼した。体温が平均体温より0.5から1.0℃高い子どもが、登校後に体調を崩し保健室へ来室したり、発熱したりすることが多い現状を考慮したからである。

ICTサポーターの力を活用したことで、担任と養護教諭に余裕が生まれた。また、子どもたちの健康状況を的確に把握できるようになり、適切で迅速な対応ができるようになった。子どもの実態を知る現場の教職員でないとできないこと、ICTサポーターの力を借りると成果の上がることをすみ分けしたい。

3　新たな管理システムの構築

しかし、さらなる管理システムを構築するには、ICTサポーターだけでなく、子どもたちの力を活用することだ。

子どもたちが、ICT端末を使い、家庭で測った体温を朝のホームルームまでに入力しておけば、担任は朝の会には教師用のICT端末で、子どもたちの健康状況を知ることができる。また、子ども自身で入力することで、体温の変化や健康状況を把握することにもつながり、感染予防への意識が高まる。

朝の検温結果等をデータベース化し、全教職員で情報を共有することは、新型コロナウイルスが収束しても、子どもたちを見守るうえで重要である。

志賀中学校では、「データの集約、閲覧が容易になった」「担任の負担が減った」「提出方法が明確になり、保護者の負担が減った」等の意見が寄せられた。

（知念透）

文部科学省（2022）「改訂版 全国の学校における働き方改革事例集」

D04 ICTを活用して、子どもの成績や進路希望を管理し、活用する

1 進路ソフトの現状

　校務支援システムで成績を管理している学校は多い。校務支援システムを活用して入力した成績は、評価・評定にまつわる成績処理の他、通知表や指導要録の作成にも連動し、業務時間の縮減につながっている。しかし、進路希望を管理するなど、進路に関するシステムが搭載された校務支援システムは未だ見かけない。都道府県によって、施策が様々であるためであろう。

　福岡県福岡市立志賀中学校では進路データをデータベース化し、進路用ソフトを開発し実用化している。教員から、「高校の情報収集が一元化され、データの集計・閲覧が容易になった」、「統一したフォームを活用することで、指導がしやすくなり担任の負担が減った」等の意見が寄せられた。

2 データベースを基に進路ソフト作成

　業者にソフト開発を依頼する方法もあるが高額で、学校予算には限界がある。そこで、受験に関わる高校の進路情報を近隣校と協力して集め、過去の合格実績を基に、進路情報のデータベース化や進路ソフトの開発を進めた。

　まずは、志望情報を入力しやすいように、私立、国公立高校を数字で管理する。また、進路調査に当たり、生徒は高校ごとに割り当てたコード表を見て、希望する高校を数字記入する。また、「希望する学校以外の高校についても情報が知りたい」との生徒や保護者の声を反映させて、高校コードを

　ソフトに入力すれば情報が見られるように改良した。進路に必要なデータベース化や進路ソフトの開発は、表計算ソフトの簡単な知識や技術があれば可能である。また、専門知識を持つICT支援員に助言を求め、知恵を出し合えば開発は可能である。

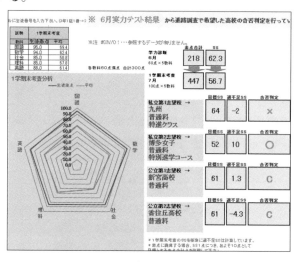

3 進路ソフトをクラウド上で使う

　データベース化された進路データや進路ソフトをクラウド上で管理すれば、希望する高校に向けた個々の目標を教師用ICT端末で確認することができる。また、面談の結果を即時に教師用のICT端末で更新してくこともできる。さらに、高校ごとの必要な願書の数が即座に分かり、面談をしている教員以外の教員で願書の配布準備を行うことができる。

　一人に任せず、ICT支援員や近隣の学校、進路やICTの活用に詳しい教職員が関わることで開発は可能であり、業務時間の縮減にも繋がる。

（知念透）

D05 子どもが、一日の流れや翌日の予定を ICT端末で確認できるようにする

1 連絡帳はICT端末で

担任の業務の一つに時間割の連絡がある。翌日の予定や宿題などを、連絡帳に記入させたり、お便りなどを配布したりする代わりに、ICT端末を活用することで、子どもの連絡帳を確認する時間や、保護者に向けた通信の作成時間を短縮することができる。各学級の担任が、一日の流れや翌日の予定、家庭の学習内容などを記入したファイルを公開すれば、どの端末からでもアクセスでき、予定を確認できる。こうすることで、連絡帳の記入ミスを防ぐとともに、これまで行っていた書き忘れなどのチェックも省くことができる。これは、子どもたちにとっても、連絡帳を記入する時間の削減に繋がり、他の時間に充てることができることになる。つまり教員だけでなく子どもにも時間的な余裕が生まれる。具体的には、表計算ソフトに、日にち、時間割、授業を担当する教員、学習内容、家庭学習、お知らせなどを記入しておき、学習支援ソフトで公開する方法がある。子どもは、帰宅後や朝の時間などに時間割を確認することで、見通しをもって行動することができる。また、1シートに1日分を記入し、1か月分のブックにすることで、先の予定まで子どもと共有することができる。さらに、欠席している子どもにも時間割が伝わり、家庭でもできる学習に取り組め、翌日の時間割を知らせる必要もなくなる。

小学校低学年などは、保護者が翌日の授業の準備を手伝うことも多い。時間割のファイルを学習支援ソフトなどで共有し、保護者のスマートフォンからも見られるようにすることで、翌日の持ち物などの準備を行うこともできる。いつでも、どの端末からでも、時間割を確認できることは、保護者にとっても便利である。

2 複数教員で時間割を共有

この時間割のファイルを学年や専科、特別支援学級の教員で共同編集できるようにしておくことで、時間割の変更などもそれぞれの教員が行うことができる。授業の進度についても共有でき、打ち合わせの時間を省くことにもつながる。

(橋本智美)

10月7日　（　木　）		
お知らせなど		けんばんハーモニカをもってくる
	1組	2組
	時間割	時間割
内容	朝学活	朝学活
	・健康観察 ・出欠確認	・健康観察 ・出欠確認
1時間目	社会（票）	理科（川）
授業内容	①織田信長，豊臣秀吉のやったことをまとめる。 ②単元の学習問題に取り組む。	変わり続ける大地 1 調べる 2 結果をまとめる 3 考察を書く
備考		
2時間目	理科（川）	社会（票）
授業内容	変わり続ける大地 1 地震や火山の噴火によって，どのような災害が起こるか予想を立てる	＜戦国の世から天下統一へ＞ ①豊臣秀吉のイメージを共有する。 ②豊臣秀吉が行った取り組みを考える。 ③動画を見る。
備考		
3時間目	書写（若山）	総合（橋）
授業内容		グループ活動決め （道後温泉街）
備考		
4時間目	総合（橋）	書写（若山）
授業内容	グループ活動決め （道後温泉街）	
備考		
5時間目	体育	体育
	クラスダンス	クラスダンス
備考	体育館	体育館
6時間目		
授業内容		
備考		
	帰り学活	帰り学活
下校 【14：50】	宿題：漢字ドリル音読28〜30　学年のロイロに提出	宿題：漢字ドリル音読28〜30　学年のロイロに提出

D06　ICTを活用した教材準備を担当者で分担する

1　授業準備時間の確保の必要性

　文部科学省（2019年）は、「新しい時代の教育に向けた持続可能な学校指導・運営体制の構築のための学校における働き方改革に関する総合的な方策について（答申）」において、学校の業務の状況について、小・中・高等学校の校種に関係なく、授業準備等の時間の確保が難しい状況にあるという課題を抱えていることを指摘している。

　質の高い学校教育を持続発展させるためにも、効率的に授業準備等を行うためにも、ICTを有効活用したい。

2　教材研究の「教科分担制」とICT

　小学校では、一人の担任が全ての教科の授業を担当することが一般的である。しかし、同一学年に複数の学級がある学校においては、授業準備等を教科で分担する「教科分担制」を取り入れたい。担当者が教材研究をし、ICTを用いてその内容を共有することで、授業準備等の時間を縮減させることができるからである。またそれだけではなく、教材準備をする教科数が減り、一つの教科や授業に時間をかけて教材研究ができるため、教科の専門性も向上するからである。つまり、教員それぞれの得意分野を生かせる取組となる。

　このような取組は、「GIGAスクール構想」が始まる前から行われていたであろうが、ここでは、「教科分担制」とICTは大変相性が良いことを押さえておきたい。

　例えば、担当者が、教師用のICT端末に書いた手書きの板書計画や、授業で使用するワークシートなどのデータを、クラウドにあげることで、即時に他の教員と共有することができる。また、チャット機能などを活用すれば、説明をする時間も短縮できる。他にも、授業後に板書を撮影し、共有することで授業改善に向けた資料にもなる。

　さらに、データを共有していれば、教科の担当者が準備をした教材を、他の教員が学級の実態に合わせて編集することも可能である。以前のように、印刷をし、コピーをして配布するという手間が省けるだけでなく、これまで以上に授業準備等の質や量が確保、共有できる。

3　年度をまたいでも

　近年、若手の教員が増加し、授業等について先輩教員に相談する時間を確保することも必要になっているが、十分に時間をつくることが難しい。そういうときは、前年度のデータが役に立つ。

　前年度の教科担当がクラウドに残していた板書計画、ワークシート、授業の実際の板書などを活用するのである。データは紙媒体の情報共有とは違い、編集がしやすいため、今年度の担当者好みにアップデートすることも可能である。これを蓄積していけば、学校独自の教材研究データベースも作れるのである。

　年度をまたいだ情報共有により、さらに質の高い授業づくりが期待できる。

（橋本智美）

D07　必要に応じてオンラインで保護者面談を行う

1　感染症拡大時の頼れる存在

　文部科学省「改訂版 全国の学校における働き方改革事例集」（2022年）には、１人１台端末を使用し、家庭訪問をオンライン化する事例が紹介され、年間でおよそ7.5時間の業務軽減になると示されている。このような取組は、新型コロナウイルス感染拡大時におけるオンライン保護者会などの取組にも繋がる。

　これまで、感染拡大防止策として、様々な行事等が中止されるなか、学校と家庭との連携を図る手段として１人１台端末は、有効な手段となっている。

2　オンライン保護者面談の実施

　新宿区立落合第三小学校では、通知表を２期制に変更するに伴い、第１学期の子どもの学習や生活の状況について説明をするため、保護者面談を第１学期末に実施するようにした。しかし、新型コロナウイルス感染拡大に伴い、設定していた保護者面談が難しくなる事情が発生した。新宿区では、当初、１人１台端末は、子どもの学習用に貸与されたものという観点から、家族等による個人的な使用は、原則認められていなかった。

　そこで、教育委員会に事情を説明し、在宅で子どもが端末を起動し、保護者面談を実施するという条件で端末の「ビデオ会議システム」よるオンライン保護者面談が可能となった。

　面談に際しては、保護者の意向を伺い、オンラインを希望しない方には、日程を調整したうえで、学校での対面による面談を実施した。新型コロナウイルス感染症に伴う学級閉鎖等の対応として、オンライン学習も行っていたため、オンライン面談は支障なく実施ができた。

3　業務改善の一手として

　今回は、偶発的な対応であったが、業務改善の視点から、保護者面談のオンライン化、または、対面との併用も十分に検討する余地があることが分かった。学校と家庭を繋ぐ手段としての利活用を模索していきたい。一方で、服務との関連から、私用に使うなどの不適切な使用に対しては、絶対に行わないよう子ども、教員、保護者にも厳守を求めるよう、注意喚起を行っていきたい。

（清水仁）

文部科学省（2022）「改訂版 全国の学校における
　働き方改革事例集」

D08　保護者が、ICTを活用して、必要な情報を取得できるようにする

1　スマホにお便りを配信する

　学校だより、学年だより、学級だより、保健だより、図書だより、献立表など、学校は保護者に向けて多くのお便りを作成・発行している。この印刷業務がなくなったら、どんなにか楽だろう。また、保護者の手元にお便りが届かない、などということもなくなり、一石二鳥である。

　方法の1つ目は、ホームページにお便りを掲載することだ。保護者は、ホームページにアクセスすれば、常に確認することができる。ただし、情報は、全世界に発信されてしまうため、配慮が必要である。

　方法の2つ目は、企業が開発している保護者用連絡ツールを使うことだ。愛知県知多市では、「tetoru」[1]というアプリを使用している。保護者との連絡になるため、利用するツールは児童・生徒のICT端末ではなく、保護者個人のスマートフォンアプリになる。

　保護者は、アプリをインストールし、アカウントを登録。学校から配布された登録用紙に記載されているQRコードを読み取り、兄弟姉妹を区別して児童生徒情報を登録をする。これにより学校は、学校用、学年用、学級用、グループ用と対象者に合わせて学校からのお便りや連絡を保護者個人のスマートフォンに配信することができる。

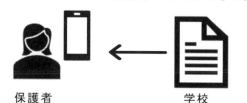

保護者　　　　　　　　　学校

登録者のみへの配信となるため、部活動の連絡など、校外への発信が不必要な連絡にはちょうど良い。また、1つのIDで、兄弟姉妹を紐づけることができるので、アプリ内で情報を一元管理することもできる。

2　スマホから欠席連絡を受け取る

　このツールは、児童・生徒の欠席連絡も行うことができる。これにより、保護者にとっては、朝、学校の電話が繋がらないといった煩わしさが軽減される。また学校にとっては、職員室で電話による欠席連絡を受ける手間や、担任に伝えるという手間がなくなる。さらには、連絡帳を近所の友達を介してやり取りさせることもなくなる。特に、感染が気になるコロナ渦においては、有効である。

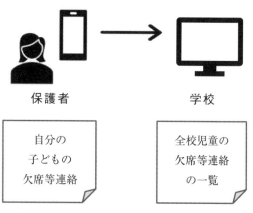

保護者　　　　　　　　　学校

| 自分の子どもの欠席等連絡 | 全校児童の欠席等連絡の一覧 |

　「tetoru」の活用で、教員は教室にいながら保護者からの欠席連絡を確認することができる。また、提携校務支援システムとのデータ連携により出席簿等にも反映することができ、書類整理に効果を発揮する。

（八釼明美）

1) Classi株式会社と株式会社EDUCOMが開発した小中学校と保護者を結ぶ連絡ツール

5

ICT活用による業務改善

D09　保護者に、メールで行事の案内を行い、出欠確認をする

1　事前に人数把握をすること

　学校では、保護者が参加する行事も少なくない。例えば、参観日などは、年間を通して何度も開催される。また、入学式や運動会、卒業式等、一年に一度きりの行事もある。特に、入学式や卒業式等は、会場設営の関係で、どのくらいの人数が参加するのかということを事前に把握することが必要である。また、コロナ禍では、運動会等で1世帯につき2名までなどと、人数制限を設けて開催することもある。この場合、感染対策から、人数だけでなく、「誰」が参加するかについても把握することが必要で、それらのやりとりをどのように効率よく行うかが、学校や保護者の負担を軽減することにつながる。

2　紙を使って集めていたときは

　従前は、これらの希望調査などは、紙で行っていた。手紙を出して、すぐに保護者から参加の返事をいただける場合はよいのだが、保護者が仕事の調整を済ませてから提出する場合は、多くの期間を費やすことになる。そして、その期間が長くなればなるほど、連絡の行き違いが起こったり、提出・未提出の確認などに手間がかかったりする。また、当初予定していた人と違う人が来校することになったとか、人数が減ったなど、個別の対応も発生するため、他の業務と並行しながらの対応となり、間違いを引き起こすこともあり得る。さらに、保護者にとっては、誰が参加すると回答していたかもあやふやになることもあり、コピーを自宅においておかなければ、その確認

の方法もない。

3　スマホを使うメリット

　現在、ほとんどの学校で、校務支援システム等を利用して、保護者向けのメールを配信することができるようになった。

　システムの種類により、一方的に連絡を配信するだけのものから、スマホのアプリとなって、子どもの検温記録や、欠席連絡などの、双方向の情報のやりとりができるようなものも増えてきた。

　これらの仕組みを拡張することで、ここで挙げたような行事への参加申し込みを行うことができる。図は、学校側で把握できる内容の画面である。

イベント出欠一覧

児童氏名	結果	コメント	クラス	回答日時
山田　太郎	○	祖母 ○○○	5年1組	2022/10/15回答
石川　次郎	○	母 ○○	3年2組	2022/10/15回答
藤本　花子	×		4年1組	2022/10/17回答
太田　よしこ	○	父 ○○ 母○○	3年1組	2022/10/18回答

◁ 1　2　3 ▷

　学校側のメリットとしては、出席者の氏名も正確に把握できることと、データが一覧になることである。この部分を手入力することを考えると、大きく効率化できるだけでなく、入力ミスがなくなる。

　保護者にとっては、一度申し込みをした後、誰の名前を登録したのか再度確認できたり、内容の修正をしたりできることが、メリットである。

（中川斉史）

D10　改善に生かすために、子どもに、ICT端末を活用させて行事等のアンケートを行う

1　1人1台端末のアンケート活用

「GIGAスクール構想」によって整備されたICT端末の機能の一つとして、教師や子どもがデジタルアンケートを作成して回答の集約を行うことができる。[1]これまで紙で実施していた場合は、正の字を書いて集計したり、記述を一つに集約するためには打ち直してデータにしたりする必要があった。デジタルアンケートでは、このような手間がなくなり、自動集計や記述の一括集約ができる。また、その場でアンケートの回答を求めた場合、回答がすぐにグラフ化されるなど、視覚的にも結果を分かりやすく伝えることができるのも利点である。

2　瞬時に集約される利点

デジタルアンケートは、回答が瞬時に集約されることに利点がある。例えば、授業後の振り返りを集約してそれをテキストマイニング[2]という機能を使って、言葉の使用頻度等によって視覚的に表示することもできる。これまでは挙手で意見を確認したり、一人一人に発言を求めていたりしたことも、瞬時に回答が集約されることで全員の意見を参照することにつながる。学習の目的に合わせて、効果的に使えるようにしていきたい。

3　実際の運用

新潟市立南万代小学校の取組を紹介する。南万代小学校では、1～6年生が一緒になって行う活動（縦割り班活動）での成果をデジタルアンケートで集約した。活動の目標に照らし合わせて、一人一人がどのよう

な考えをもっていたのか、達成度はどのくらいかなど、活動に対する個々の自己評価を集約した。

回答を基に、今回の活動がどのような成果に繋がっていたのか、児童の全体的な実態から振り返ることができた。活動の成果を見取り、次の活動を行うための改善にすぐに繋げることができる取組である。

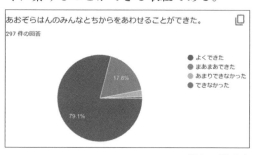

あおぞらはんのみんなとちからをあわせることができた。
297件の回答

- よくできた
- まあまあできた
- あまりできなかった
- できなかった

（堀田雄大）

1) 文部科学省（2022）「教育課程部会（第124回）配布資料 資料2-2 GIGA StuDX推進チームの取組について」2022年 https://www.mext.go.jp/b_menu/shingi/chukyo/chukyo3/004/siryo/mext_00002.html（2022.12.12時点）
2) 大量の文章データ（テキストデータ）から、有益な情報を取り出す手法のこと

D11　ICTを活用して、校内外の教職員が連絡を取り合う

1　職員間における連絡手段

筆者は、「GIGAスクール構想」以前から、教職員間の連絡に活用できそうな各種サービスを利用・試行してきた。

遠足や登山学習で活用したときは、トランシーバーアプリで、先頭を歩く教員と最後尾を歩く教員とで子どもの状況を確認し、休憩のタイミングなどを調整しながら活用した。当時は、イヤホンが普及していなかったため、聞き逃しが発生することもあったが、現在では、修学旅行での自由行動時や運動会等における係間の連絡時などに活用できそうである。

文字でやり取りをするアプリも活用した。スマートフォンとコンピュータとで同時に閲覧、書き込みできるアプリであったため、会議や提出物の締切のお知らせや、返信が必要な連絡等によく活用した。このような連絡は、校務支援ソフトでも同様の連絡は可能であるが、一番の違いは校内・校外双方向のアクセスできるか否かにある。

例えば、家庭から「子どもが帰宅していない」等の連絡が入ったときに、複数の職員が手分けをして確認に回ることもあるが、「無事帰宅した」という連絡が入り、校内の教職員が校外に確認に出た教職員にその連絡を行う場合、電話で一人ずつ連絡するのではなく、一斉に「無事帰宅しています。学校に戻ってください」とメッセージを送信することができる。

2　自治体が準備したアプリの活用

岡山県真庭市では、教職員と教育委員会が連絡を取り合うことができるアプリが導入されている。これにより、写真のように研究会の連絡等、校外の教職員との連絡が大変便利になった。

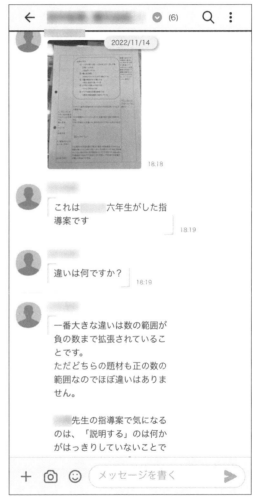

ここ数年、コロナ禍で自宅療養している担任から学校に「補教計画等」の連絡が入ることが多くなった。また、学校からは、自宅療養している教職員に連絡を取らざるを得ない場面が多くなった。このようなアプリを活用すれば、双方が気を遣わずに連絡し合うことができる。

（松浦浩澄）

D12　ICT機器を効果的に配置し、職員室等を働きやすい環境に整備する

1　職員室の有効活用

　日頃から子どもたちに整理・整頓を指導する教員だが、職員室の机の上には子どもの提出物や書類が高く積まれ、会話がしにくい常態であったり、業務遂行の妨げになったりしている場面を見かける。また、新たな職員用のICT端末の整備に伴い、配線や充電用のロッカー、マニュアル等の保管場所などが増えた。限られた職員室のスペースを再整備し、働きやすい環境を作ることは重要である。職員室の職員用の机やロッカー、プリンタやコピー機等のOA機器を効果的に配置し、機能的で機動力のある職員室を目指したい。

2　LANケーブルの動線や机の配置の再考

　職員室の足下には、電話線、無線LAN以外の職員用ICT端末とサーバーを繋ぐケーブル等が張り巡らされている。加えて、複数のプリンタやコピー機等の大型OA機器が所狭しと占有している。また、校長、教頭、教務主任の机を基準に、教員一人がやっと通れるほどの通路を挟み学年毎に机が並んでいる。

　福岡県福岡市立志賀中学校では、サーバーと各学年のハブを繋ぐLANケーブルの色を変え、教員が誤ってケーブルを抜かないようにし、足下の配線をまとめ、

配線カバーで覆った。学年の島ごとに職員机を配置し、机の近くに個人や学年ロッカーを配置することで、物を取りに行く動線を短くし、動きやすいように整備した。年によって職員数の増減があるため、空いた机は教員のワークスペースとして活用した。

3　長く続けられるルールを考える

　複雑なルールだと長く続かないので、ロッカーの上には生徒から集めた物や、共有物のみを置くことにした。机が整理されていなければ職員会議を始めないなどのシンプルなルールも作った。学校全体で取り組むことで、整理整頓して効率的に働こうという意識が生まれた。実際に物を探す時間やストレスが大幅に減ったことで、整理整頓する良さを感じる教員が増え、

効率的に働くといった好循環が生まれた。

（知念透）

1）文部科学省（2022）「改訂版 全国の学校における働き方改革事例集」

D13　オンラインを活用して、他校や自校の教職員と会議や研修、打ち合わせを行う

1　会議のオンライン活用

　学校内では、職員会議、企画・運営委員会、分掌ごとの会議、学年会議など、様々な会議が存在する。学校運営が円滑に行われるようにするには、職員相互の事務連絡が必要であり、会議は欠かせない。また、会議は、教職員の研修の場にもなっている。指導方法、生徒指導上の課題等を話し合うなかで、実践的指導力を高め、共通理解を図るとともに、学校全体としての教育力を向上させる大きな役割がある。しかし、出張や生徒指導があるなどの様々な理由で、職員全員が一同に会する時間を頻繁に確保することは難しい。そのようなときは、オンラインを活用することで対応できる。

　1つ目は、オンラインでの会議を行うことである。コロナ禍で、職員室に集まることが難しかったときには、教室にいながらビデオ会議システムを使って、会議に参加することができる。ビデオ会議システムでは、画面共有を行って資料を提示したり、資料をオンラインで配布したりすることが可能であるため、会議の準備の時間も短縮することができる。

　2つ目は、会議のレジュメや議事録をオンラインで共有することである。広島県福山市立川口小学校では、週に3回の職員打ち合わせを行っている。表計算ソフトに、担当の職員が分担して議事録をとることで、様々な事情で参加できない職員がどこでもいつでも見ることができるようにしている。また、資料は、学習支援ソフトの掲示板に貼り付け、これもオンラインで見られるようにしている。分掌ごとの会議や打ち合わせを行う際にも、写真のようにタブレットやパソコンを持参し、会議に参加することが日常化している。

2　授業研究会のオンライン活用

　授業研究会についてもオンラインを活用することができる。

　1つ目は、他校や自校の教員のオンライン授業参観である。教室にタブレットやカメラを置き、ビデオ会議システムで中継することで授業を配信することができる。ビデオ会議システムでは音声が聞こえにくいことがあるため、事前にチェックしておくとよい。

　2つ目は、師範授業のオンライン化である。川口小学校では、東京都の小学校の講師にビデオ会議システムを用いて授業をしていただいた。対面に比べて子どもとのやり取りに難しさは生じるが、複数台のカメラで子どもたちの様子を映すため、より丁寧に見取ることにも繋がった。

（橋本智美）

D14　ICTを活用して、教職員の出退勤、年休、出張等を管理する

1　働き方改革に必要な考え方

　文部科学省は、労働安全衛生法の改正を受けて、文部科学省「公立学校の教師の勤務時間の上限に関するガイドライン（概要）」（平成31年1月25日）において、時間外在校等時間を1か月で45時間以内、1年間で360時間以内と示した[1]。働き方改革を推進していくためには、校内に潜む「ムダ・ムリ・ムラ」な業務を削減・改善する「業務改善」や、教職員一人一人が自分のライフスタイルを大切にして働こうとする「意識改革」、そして、時間外在校等時間を意識して「タイムマネジメント」していく力が求められる[2]。

　タイムマネジメントに関して言えば、各教職員には、自分で自分の在校等時間を管理すること、管理職には、全教職員の健康維持のために、一人一人の在校等時間を適切に管理することが必要である。

2　月の時間外在校等時間の把握はICTで

　校務支援システムの導入により、出勤ボタンや退勤ボタンを押すことで出退勤の記録を正確かつ簡便に行うことができるようになった。しかし、各教職員が「タイムマネジメント」をしようとする意識が働かないと、月末になる頃には、時間外在校等時間は、あっさり45時間を超えてしまい、単なる記録表になってしまう。ICTを使う良さは、月の途中でも、勤務状況を把握でき、累計された時間外在校等時間等を確認できる点にある。

　管理職は、適宜、全教職員の勤務状況を把握し、一人一人に勤務状況を把握させたり、働き方に関わる課題を考えさせたりするなど、教職員一人一人に声かけをするようにしたい。そして、早く帰るように声かけしたい。これは、アナログでしか叶わない。

　現在、愛知県知多市立旭東小学校では、より正確な勤務時間を記録すべく、教頭が、一人一人の出退勤の記録に、年休や特別休暇等の休暇や出張等の記録、振替時間等を加えて記すようにしている。しかし、これを徐々に、各教職員に任せていきたいと考えている。タイムマネジメントすることを自分事と捉えてほしいからだ。

3　年間の時間外在校等時間の把握は

　同じく旭東小学校では、年間の時間外在校等時間の上限360時間を各自に割り振らせ、毎月、残りの時間外在校等時間の上限を把握できるようにしている。表計算ソフトで作成し、全教職員に配布して活用を促している。

（分は省略）

	目標	実際の勤務	残りの時間
4月	45時間	44時間	316時間
5月	45時間	43時間	273時間
6月	27時間	26時間	247時間

（八釼明美）

1) 「時間外在校等時間」とは、在校等時間から正規の勤務時間（7時間45分）を引いた時間のことで、「在校等時間」とは、在校している時間から、「休憩時間」と「勤務時間外の自己研鑽や業務外の時間」等業務外の時間を引いたもののこと

2) 八釼明美（2022）「第50回東海・北陸地区公立学校教頭会研究大会 静岡大会要項」p.18

D15　ICTに関連する研修を定期的に開催し、教職員全体のスキル向上を図る

1　ICT端末を活用した研修の意義

　今次学習指導要領においては、初めて「情報活用能力」を学習の基盤となる資質・能力と位置付け、教科等横断的にその育成を図るとともに、その育成のために必要なICT環境を整え、それらを適切に活用した学習活動の充実を図ることとしている[1]。公立学校では現在、「GIGAスクール構想」を踏まえた環境整備が急速に進み、ICT端末を活用した授業研究や研修が進められている。しかし、教員のICT端末の活用に関する知識・技能や、現時点での理解度により、活用状況や意欲には温度差がある。ICT端末を活用した授業研究は、全教職員のスキル向上のために大切である。

2　研修テーマと年間の取組の設定

　福岡県福岡市立志賀中学校では、主題「思考力・判断力・表現力を育む『主体的・対話的で深い学び』の実現に向けた学習指導のあり方」、副主題「ICT機器のアプリを活用した手立ての工夫」を研究テーマとし、全教員が指導案を作成し、ICT端末を活用した研究授業を行った。研究授業を進めるにあたり、研修委員会の教員がICT端末のアプリの使い方、活用事例に関わる研修を企画・実施した。また、夏季休業の期間に、ICTサポーターが活用事例の研修をするとともに、授業研究の進め方について全教員で共通理解を図った。さらには、特別支援学級の担任が、「特別支援教育の基本とICTの活用」をテーマに、教員を子ども役とした授業研究を行った。

3　必要な教員が参加する研修会

　授業研究で、効果的にICT端末のアプリが活用できるように、予め研修会で使用するアプリや研修日時を教員に知らせ、見通しをもたせるようにした。また、先行して当該アプリを使って授業を進めている教員を講師として、放課後の短い時間で研修会を実施した。ここでは、各学年のICT

担当教員やICTサポーターに支援を依頼した。その他にも、「10分研修会」という短時間による研修会を数回実施した。自由参加による研修会にもかかわらず多くの教員が参加した。また、10月から11月にかけて、全教員が授業研究を公開し、同じ教科を中心に3〜4ほどの授業に参加し、ICTを活用した新たな授業方法を学んだ。

　教職員の力量向上は、働き方改革の大きな基盤である。限られた時間を有効活用して、教員の力量向上を図りたいものである。

（知念透）

1)　文部科学省（2022）「教育の情報化に関する手引き−追補版−」

D16　ICTを活用して、特別教室の使用予約を管理する

1　ICTは業務改善の救世主

「GIGAスクール構想」が始まり、ICTによる校務の効率化が進んでいる。特に、日々の業務改善に大きく貢献しているのが、校務支援システムである。

学籍の管理や成績処理等の機能が搭載された校務支援システムが導入され、校務が効率的に行えるようになった。その機能の一つに、会議室や理科室、体育館等の特別教室や施設の使用予約の管理がある。

校務支援システム導入前は、特別教室等を管理する副校長に教員が日時と場所を伝えるか、副校長不在時には、特別教室等予約簿、職員室内の予約黒板等に直接記入する方法が取られていた。この方法では、特別教室等予約簿を見ないと、使用する教室の空き状況が分からないという煩わしさがある。また、特別教室等予約簿を他の教員が使用している場合には、それを見ることができないため、確認できずに計画をしてしまい、使用日時が重複してしまうという問題があった。

校務支援システム導入後は、右の図のように、予約画面を見ることで空き状況がすぐ分かるようになり、予約もこの画面から手軽にできるようになった。さらに、現在は、端末がノートパソコンからタブレットとなり、教室からも予約することが可能となった。

このように、校務支援システム導入で、

特別教室等の予約の重複が無くなるとともに、副校長も教員も煩わしさが減り、教員にも好評である。業務改善にも繋がっている。また、ペーパーレスになることで、消耗品費の節約、省資源化にも貢献している。

	体育館	追加	追加	追加
	校庭	・5-2 追加	追加	追加
	大屋上	追加	追加	追加
	小屋上	追加	追加	追加
	家庭科室	追加	追加	追加
11/4 金	理科室	・5-1 追加	・5-1 追加	追加
	パソコン室	追加	追加	追加
	図書室	追加	追加	追加
	ランチルーム	追加	追加	追加
	第一会議室	追加	追加	追加
	第二会議室	追加	追加	追加

2　予約システムを周知する

校務支援システムを使用することで、特別教室の使用予約の管理が効率的になりかつ予約の重複も無くなった。しかし、異動により転入した教職員や新規採用者が入ったときに、校務支援システムを周知するとともに、使用者がそのシステムに則り、活用していかなければならないことは、言うまでもない。

（清水仁）

D17　職員会議等の資料を ICT で管理し、活用する

1　職員会議案をクラウドで管理しよう

　学校には、年間を通して数多くの会議が存在する。会議そのものの回数や時間を削減することはもちろん、ICT を活用することで、業務の削減を図っていきたい。

　会議の担当者は、事前にサーバーに、会議の名称や、1回目用、2回目用などと、回数などの名称を記したフォルダを作成するとともに、最新のデータを格納しておくようにする。サーバーで管理しておけば、教職員はいつでも閲覧ができ、会議内容に変更が生じた場合でも、すぐに訂正したり、再度共有したりすることができる。そして何より、会議案を毎回印刷する手間がなくなるので、担当者の業務改善につながる。

　また、クラウドで管理をすれば、インターネット環境さえあれば、端末からアクセスすることができる。学校行事の折は、進行表として自分の手元で確認することができる。ただし、Microsoft の Word で作成した文書を Google drive に格納するとドキュメントに変換される。作成ソフトとドライブの互換性には留意されたい。また、教師が、自分の ICT 端末を教室などに置きっぱなしにすることがないようにしたい。機器に堪能な児童・生徒は、学校や教育委員会が保有するデータにアクセスすることができてしまう可能性がある。

　なお、活動を終えたら、その都度、振り返りをし、次年度用にデータを直しておきたい。そうすれば、改めて、会議を開く時間を縮減することができる。

2　スキャナを活用しよう

　外部から紙媒体で受理した資料を会議で使用したいときは、スキャナを活用したい。職員室内の所定のパソコンとスキャナをつなぎ、スキャンするとパソコンのデスクトップやパソコン本体のドキュメントなど所定の場所に、PDF で保管できるように設定をしておく。複数枚の紙媒体を一気にスキャンすれば、一つの PDF のファイルとなる。このファイルを会議のフォルダに格納しておくことで、資料として利用できる。ICT 機器は、タブレットだけではない。

　なお、現在、各種のデータを一つの PDF ファイルに一括変換できるソフトもあるので活用したい。

3　取り扱い注意の文書はデータ活用で

　校内特別支援委員会、教育支援校内委員会、いじめ不登校対策委員会などの会議資料には、児童・生徒の個人情報が多く記載され、取り扱い注意の資料として取り扱われる。これらは、会議の際、印刷・配布したものの、会議を終えると回収され、即シュレッダー行きとなる。そうであれば、始めから印刷はせず、データとして扱いたい。

　また、教育委員会に報告するためのフォームがあれば、あえて、会議のためのフォームを再作成するのではなく、元からあるフォームをそのまま学校内の会議で援用することを考えたい。

（八釼明美）

D18　電話の受付時間を設定し、時間外は音声案内とする

1　教員の勤務時間の現状

　平成28年度の小学校教員の1週間当たりの学内総勤務時間（当時）は、57時間29分であった。[1]　1日の勤務時間は、7時間45分なので、1週間の勤務時間は、38時間45分となり、1週間では、18時間44分、1か月間（4週として）では、74時間56分の勤務超過となる。また、出勤時刻の平均は7時半ごろ、退勤は19時頃であった。

　こうした現状を踏まえ、文部科学省や各地区の教育委員会は、教員の健康保持と時間外在校等時間の縮減を目指し、「働き方改革」を推進するようになった。

2　各地区教育委員会主導で実施

　働き方改革のための方策には、各学校で工夫して行えるものと、各地区の教育委員会が主導で行うものがある。

　新宿区教育委員会では、平成28年度から「働き方改革プロジェクトチーム」を立ち上げ、平成31年からは一定の時刻になると、留守番電話や音声ガイダンスに切り替えるシステムを導入した。導入に際しては、新宿区教育委員会名で保護者向けの通知を発出し、理解と協力を依頼した。

　現在平日は、16時45分から翌日の8時15分まで、土日、祝日、夏季休業中の休暇取得推進期間、年末年始の閉庁期間が留守番電話と音声ガイダンスによる対応となった。緊急を要する場合は、新宿区役所の夜間受付に連絡をすることで、公用の校長携帯電話に連絡が入るようにした。

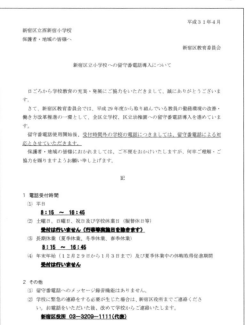

3　高いコストパフォーマンス

　留守番電話と音声ガイダンスは、働き方改革のための方策の中では、効果が高いと感じている。前出の教員の平均退勤時刻が、19時頃になる理由として、小学校教員は、持ち時数が多いため、授業準備等を行う時間が、勤務時間内に取りにくいことが挙げられる。留守番電話と音声ガイダンス導入後は、授業準備等に充てることができるようになった。一方で、多様な生活様式のなかで、保護者への連絡が勤務時間内では取りにくい実態もある。学校としての対応を保護者に周知していく必要がある。

（清水仁）

1）文部科学省（2018）「教員勤務実態調査（平成28年度）集計[確定値]」学校における働き方改革特別部会資料2-2、2018年9月27日

D19　ICT（バーコード）を活用して、備品や図書を管理する

1　ICTを活用した備品台帳の管理運用

　学校には、子どもたちが円滑に教育活動を進めるための膨大な備品がある。備品に購入年度や整理番号が記されたラベルが貼られ、紙ベースの台帳で管理している学校は少なくない。また、備品検査は長期休業期間や慌ただしい年度末に行われることが多い。

　しかし、備品台帳をチェックリスト化してクラウド上で管理し、教員用のICT端末で備品検査を行えば、チェック漏れなどの人的なエラーも防止でき、スピーディーに検査ができる。

　名称だけで把握しにくい備品には、購入履歴、使用年月日等の情報と写真を併記すれば、スムーズにチェックできる。多くの学校では、バーコードで自動化した書籍や子どもの個人カードに変更している。貸し出しカードに手書きしていた場合と比べ、手続きが簡略化され管理の質が向上した。

　今後、フリーソフト等を活用して体育館や理科室の備品管理をバーコード化し、借り出しや返却の数量や時間が一目でわかるようにすれば、紛失時にいつ紛失したのかが分かるようになり、教員や子どもが、備品をこれまで以上に大切に扱い、返却するようになることが考えられる。

2　ボランティアを活用した自動化

　膨大な蔵書をバーコード化するには多くの人手と時間が必要となる。加えてバーコードで自動化する機械が各学校に一台しかないのであれば、近隣の学校から借用しバーコードで自動化を一気に進めたい。作業には時間がかかるので、保護者ボランティアに依頼したい。そうすれば、集まったときに協力して一気に作業を進めることができる。

　コロナ禍でPTA活動が制限され、PTA活動が見直されている今、ICTに堪能な保護者がいることを考えれば、備品をバーコードで自動化するボランティア活動は好機と考えられる。教員だけで作業する発想を転換し、ボランティアを活用する価値は大きい。

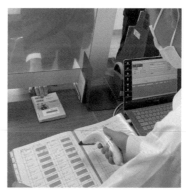

3　クラウド上で備品の使用予約

　校内で、「○○がありません。知っている人いませんか？」という声をよく聞く。いつ、誰が、どこで使用したかが記録できていないために起こる現象だ。備品記録簿をクラウド上で管理することで、備品を円滑に使用することができる。備品の使用予約と併せて使用する教室もクラウド上で予約すれば、最新の状況を教員は共有できスムーズに授業を進めることができる。

（知念透）

文部科学省（2022）「改訂版 全国の学校における働き方改革事例集」

D20　ICT を活用して校務分掌等を定期的に評価し、業務改善の新たな取組を提案する

1　ICT を活用した校務分掌の見直し

慌ただしい４月、一年を大きく左右する校務分掌案が提案される。提案後は、取組を（R-）PDCA サイクルにのせ、定期的に全教職員で評価し、見直すことが重要である。しかし、提案には、課題解決につながる教育委員会が示す指針や数値目標が示されていないことが多い。提案様式が統一されていなければ、理解するまでに時間もかかる。また、係職員だけが成果や課題を把握しても、他の教員と共有しなければ、取組に一体感がなく成果も見えにくい。

2　共通様式や評価ソフトの作成

福岡県福岡市立志賀中学校では、教務主任が提案様式を統一し、評価シートをクラウド上で管理した。教員は、それぞれの校務分掌の進捗状況や課題と成果を、教師用の ICT 端末からいつでも把握できるようにした。具体的には提案様式を、①教育委員会の今年度の教育目標や目標数値、②教育委員会の重点取組、③学校長の学校経営案、④自校の現状と課題、⑤本年度重点取組、⑥具体的な取組内容、⑦活動計画を項目とし、A4で１枚にした。

次に、⑥具体的な取組内容を評価項目とし評価シートを作成した。作成した評価シートはクラウド上で管理し、教師用の ICT 端末から評価や課題をいつでも閲覧でき、入力できるようにした。入力後は、自動でグラフ化できるようにし、経年比較もできるようにした。ICT 担当教員を中心に、各

33	①放送委員会の活動をさらに高める。	4	4	4
務部総括評価		4.2	3.9	3.9

【I学期成果】
概ね各係が提案した内容に沿った取組ができている。いくつかの係
た。2学期開始までに改善案を作成し、全職員が確認した上で取組

【2学期成果】

校務分掌係期末・年度末評価

項目	令和2年度重点取組	I学期評価		
		計画	方法	内容

係がこまめにデータ整理を行うことで、課題や成果がつかみやすくなった。

3　行事のチェックリスト化

校外学習や自然教室、修学旅行などの行事を、事前活動から事後活動までをチェックリストにしマニュアル化すれば、業務を初めて担当する教員でも漏れ落ちすることなく円滑に進めることができる。また、人事異動で教員が入れ替わっても事務引き継ぎが容易である。また、行事終了後、チェックリスト[1]に上がった課題を記憶が新しいうちに見直せば、より学校や生徒の実情を反映した新たな取組となる。

チェックリスト例

	期日	必要な事務処理	提出先（連絡先）	
1	4/	□ 旅行会社への連絡 □ 引率者数の確認	（　　）観光	★人数及び実施日確認、予察日連絡、日程確認
2	4/	□ 給食の有無の確認 □ 事務主事への給食中止について連絡	事務主事	★4月中に確認すること
3	/	□ 予察計画書作成・起案	教務主任	
4	/	□ 予察の実施		★見学・昼食場所の確認 ★AED・職員配置確認
5	/	□ 予察報告書・復命書提出	教頭	★実施後5日後まで ★地図、AEDの設置場所、職員配置等安全面への配慮を明記する。
6	/	□ 校外学習実施届の作成・起案	教務主任	★A4両面印刷 ★予察実施後すぐに作成

（知念透）

1）文部科学省（2022）「改訂版 全国の学校における働き方改革事例集」

5

ICT 活用による業務改善

D21 ICTを活用して、保護者に学校評価等のアンケートを行う

1 コロナ禍でのPTA活動

新型コロナウイルスの第1波の拡大により、全国の公立小・中・特別支援学校は感染拡大防止のため臨時休業となった。学びがストップし、教員は学校からのお便りと課題プリントの配布・回収に奔走した。そして、PTA活動も停止し、教員はPTA総会の資料を手分けして各家庭に届けた。

2 可能なWebアンケートから始める

福岡県福岡市立志賀中学校では、PTA総会における各議案の議決については、学校保護者メールの機能を使い、結果を保護者メールとホームページで知らせた。混乱がなかったことから、今後の保護者への連絡やアンケートは、ICTを活用し配信することにした。行事の出欠や行事の感想、生徒や保護者向けのアンケート等をWebアンケートに変更した。変更したことで、印刷、配布、回収、入力にかかっていた時間を短縮できた。担当者が集計結果をまとめる前に、リアルタイムで回答状況が確認できるようになった。

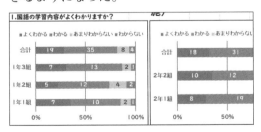

また、未提出の家庭への電話連絡が減り、業務改善につながった。保護者は隙間時間に回答することができ、負担が減り回答率が上がった。一方、Webアンケートが定着するには、「作成したアンケートを家庭に送信する際の設定に慣れるまで時間がかかる」、「保護者の理解を得るために繰り返し説明が必要」等の意見が寄せられた。

コロナ禍以前は、生徒による学校評価を学期末や年度末に年間3回実施し、結果を学校管理改善や授業改善に生かしてきた。ICT端末が生徒に配布される前までは、専用ソフトで質問紙やマークシートによる回答用紙を作成し、回収した回答用紙をPDFに変換し、読み取りソフトで集計を行っていた。そこで、ICT担当教員に、ICT端末を活用してアンケートを回答できるようにお願いした。生徒が、ICT端末の専用シートに入力すれば、以前通りデータ分析ができるようになり、担当教員がデータ処理から印刷まで1週間かかった作業が1日でできるようになった。

3 保護者アンケートもWeb化へ移行

PTA総会の議決や行事の出欠の有無等をWeb化した結果、教員や保護者の負担軽減に効果があったので、保護者による学校評価も生徒用のICT端末で入力できないか検討した。生徒が毎日ICT端末を持ち帰る状況を生かし、ICT端末のパスワードを操作し、その後保護者が入力する方法だ。これまで、学級担任から集められた保護者の回答紙を、担当教員が1クラス1時間程度かけて入力していたが、この作業の時間を削減することができた。Webによるアンケートが保護者に定着すれば新たな時間を生み出すことができる。進める価値は大きい。 （知念透）

文部科学省（2022）「改訂版 全国の学校における働き方改革事例集」

D22 校務支援システムを活用して、校納金の徴収、及び納入管理をする

1 校務支援システム導入のメリット

庶務事務の軽減や効率化、ペーパーレス化、電子申請等で教職員の利便性を図り、学校における働き方改革を推進するために、校務支援システムを整備することは教育委員会の役割である。

校務支援システムの学校徴収金アプリを使えば、口座振替となり、「子どもに現金を持たせなくても良い」「教職員が現金を直接扱わなくても良い」「現金支払による紛失や盗難への不安やリスクが低減できる」「全国の主要な金融機関を幅広く利用できるようになる」等のメリットが生まれる。また、口座振替を希望しない家庭には、コンビニエンスストア等での振り込みも可能である。

このように、校務支援システムを活用することで、教職員の手間や心理的負担を減らすことができる。

2 校務支援システムの具体事例

福岡市教育委員会は、平成27年度から全ての小・中・特別支援学校に校務支援システムを導入してきたが、令和4年4月からは、教職員庶務システムを新たに稼働した。新システムの導入で、操作マニュアル、eラーニングコンテンツを教師用のICT端末でいつでも使えるようになった。操作マニュアル、eラーニングコンテンツはナレーション付きの動画で確認ができるように工夫された。

教職員庶務システムの導入により、次のことが可能になった。
①休暇申請ができる。
②出退勤時にICカードをかざせば、出退勤簿に反映できるとともに、勤務状況等を一覧化できる。これにより、時間外在校等時間や特殊勤務を含めた月の勤務実態を簡便に掴むことができる。
③諸手当や年末調整等の提出の有無が把握できる。また、届出内容及び処理結果の照会・参照ができる。
④給与明細書等の内容を照会・参照できる。

3 全国の事例を参考に取り入れる

「改訂版　働き方改革事例集[2]」には、校務支援システムを活用しなくても、すぐに活用できる事例が紹介されている。

例えば、旅行業者が納付書払いの手続きを行い、保護者は修学旅行費用を直接銀行やコンビニエンスストアで支払う方法である。納付方法を変更することにより、「教職員が現金を扱わなくてよくなった」「現金支払による現金取扱の心理的負担や、金融機関から出金して支払いする間の現金事故の恐れがなくなった」等、数々の効果が紹介されている。是非、参考にしていただきたい。

（知念透）

1) 福岡市教育委員会（2018）「福岡市教育の情報化推進に関する指針」
2) 文部科学省（2022）「改訂版 全国の学校における働き方改革事例集」

6章

ICT活用に関する教員研修と
大学授業のモデル

「GIGAすごろく」の解説

1　教員研修ツール「GIGAすごろく」

序章でも述べたとおり、この「GIGAすごろく」は、教員研修ツールである。

文部科学省「GIGAスクール構想ついて」（2020年7月）における「1人1台端末高速通信環境」や、文部科学省「全国の学校における働き方改革事例集」（2021年3月、2022年3月）、さらには、文部科学省「GIGAスクール構想の下で整備された学校における1人1台端末等のICT環境の活用に関する方針について」及び「学校におけるICT環境の活用チェックリスト」（2022年3月）等を参照して作成している。

「GIGAすごろく」で研修を進めるためには、本書に掲載されている「GIGAすごろく」をコピーするか、QRコードでダウンロードし、印刷して使用する。また本書では、教員研修の一例を示した**研修プラン（例）** も掲載している。もちろん、そのまま使用することができるが、本書内のQRコードを読み込んでダウンロードし、自校の研修プランにアレンジして使用すれば、より効果的である。また、必要に応じて、「GIGAすごろく」の使い方を示した**基本的なルール**、研修の成果を振り返る**研修アンケート**なども掲載している。いずれも、本書内のQRコードからダウンロードすることができるので、是非活用していただきたい。

2　「GIGAすごろく」を使った研修方法

実際、これらを使った研修は、次のようになる。

① 研修会の担当者は、「GIGAすごろく」とサイコロ（携帯電話やICT端末からからダウンロードした無料アプリも有効）をチーム分準備し、配付する。

② 研修会の担当者は、「GIGAすごろく」を使った**研修プラン（例）**（または、研修プラン（例）を参照して作った自校の研修プラン）を配付し、研修会の概要を説明する。

③ 研修会の担当者は、**基本的なルール**を活用して、「GIGAすごろく」のやり方を参加者に示す。

④ 対話をしながら実際に「GIGAすごろく」を行う。

⑤ **研修アンケート**で振り返る。

なお、②③⑤は、割愛できる。

3　「GIGAすごろく」の使用場面

では実際、どのような場面で、「GIGAすごろく」が使用できるのだろうか。

A「管理運用」ゾーン

自校のICT環境の現状をチェックし、改善したり計画したりするために使用することができる。また、全教職員で活用すれば、「GIGAスクール構想」を推進していくための意識改革に繋がると考える。年度末や年度始めにおける研修は、特に有効である。

B「授業づくり」ゾーン

現職教育研修に使用することができる。主体的・対話的で深い学びを実現するために、ICTを活用するならばどのような考え方や意義、手立てがあるのか、また、「令和の日本型学校教育」としての「個別最適な学びと協働的な学びの一体的充実」のために、ICTをどのように活用していくとよ

いのか等を学ぶ機会になる。授業改善の大きなきっかけになるはずである。

C「探究的利活用」ゾーン

　子どもたちがICTのよき使い手となっているか、確認するために活用する。これは同時に、教職員一人一人が自己の能力を授業や校務分掌に発揮できているのか確認するきっかけにもなる。こちらも現職教育研修で使用することができる。

D「業務改善」ゾーン

　校内の働き方改革に活用することができる。参加した教職員の働き方改革に対する意識が高まるはずである。またICTを活用した実際の業務改善に関わる考え方や手立てについて知ることができるので、そのまま自校の業務改善に活かすことができる。管理職が、衛生委員会で紹介することも可能である。一方、年度末反省の折には、チェックリストとして使用し、次年度の学校運営方針に反映させることもできる。

　なお、ゾーンは1つでも、組み合わせても、使用できる。

　また、情報モラルに関わるマスが各ゾーンにあるが、これらをピックアップして、情報モラル研修として計画することもできる。

4　チェックリストとしての「GIGAすごろく」

　時間をとることができない場合や教職員が集まることができない場合は、第6章2節「『GIGAすごろく』【ダウンロード資料】」の中にある「『GIGAすごろく』チェックリスト」を配付する方法も考えられる。自校や自己の現状を把握し、本書を参照しながら新たな知見を得たいときに活用することができる。

　また、第6章6節「『学校におけるICT環境の活用チェックリスト』と『GIGAすごろく』の各マスとの関連」も併せて参照

していただけると幸いである。

5　大学の授業ツール「GIGAすごろく」

　「GIGAスクール構想」により、教員のICTの活用力や指導力が求められる一方で、教職課程を受講する大学生も「教職課程コアカリキュラム」の受講が必要である。

　「教職課程コアカリキュラム」は、ICT活用に関する事項について、主に以下の4つの内容について、基礎的な知識・技能を身に付けることを目指している。これらについても各ゾーンにおけるすごろくの活用が有効である。

① 　ICT活用の意義を理解すること
　→「管理運用」ゾーンや各ゾーンの活用
② 　学習指導や校務でICTを効果的に活用すること
　→「授業づくり」ゾーンや「業務改善」ゾーンの活用
③ 　児童生徒の情報活用能力を育成すること
　→「探究的利活用」ゾーンの活用
④ 　情報モラルを育成すること
　→各ゾーンにあるモラルに関連するマスの活用

　大学の授業においても、「GIGAすごろく」を活用すれば、対話が生まれる。操作方法だけにとどまらず、ICTを活用する意義をも理解することができるはずである。

　詳しくは、第6章7節「『教職課程コアカリキュラム』と本書の内容との対応」を参照していただきたい。

　なお、第6章4節「GIGAすごろく」を活用した大学授業モデルを掲載しているので、併せてご活用いただきたい。

（八釼明美）

「GIGAすごろく」【ダウンロード資料】

1 「GIGAすごろく」の基本的なルール

①研修目的に合わせて、活用するゾーンを選びます。

・1つのゾーンでもフルゾーン（4つのゾーン）でも遊べます。

②3、4人でチームを作ります。

・ペアの対戦ならば時間短縮ができます。

③笑顔で自己紹介をします。

・「〈例〉○○○○です。ICTは苦手です。色々学びたいと思います。今日はよろしくお願いします。」

④スタートに自分のコマを置き、サイコロを振る順番を決めます。

・サイコロのアプリも活用できます。

⑤サイコロを振り、振ったサイコロの目だけ進みます。好きなルートを通ることができます。

・左・右・前なら自由にコマを進めることができます

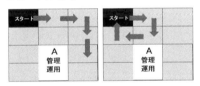

・斜めや後ろには進めません。

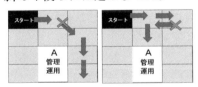

・ゾーンの名前が書かれたマスを通ることはできません。

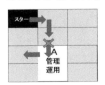

⑥「ICT」と「GIGA」と書かれたマスは、両方とも必ず通過してゴールします。

・どちらから通過しても構いません。

・ちょうど止まった場合は、

そのマスの言葉のイメージを話します。

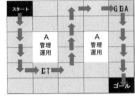

⑦サイコロを振った人は止まったマスに書かれている内容を読み上げ自校や自己の考えや手立て、疑問・悩み等について話します。他の人は、サイコロを振った人が話した内容について、意見や感想、質問、助言等、ひとこと話をします。

・手立てなど、思いつかない人は、その他の人に、「具体的にはどのようなことが考えられますか。」などと、質問するのもよいでしょう。

⑧必要に応じて、本書の対応ページを参照します。

⑨ゴールにピタリと止まったらゴールです。

・ピタリと止まるために、最後は寄り道をすることも必要でしょう。

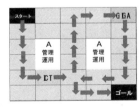

⑩笑顔で挨拶をして終わります。

・最初にゴールにたどり着いた人が勝ちです。対話を楽しみましょう！

> 準備するもの：「GIGAすごろく」、コマ、サイコロ、ICT端末またはスマートフォン

（八釼明美）

研修プラン（例）

↓研修の種類（あれば）

種別		研修タイトル	**GIGAスクール構想の考え方・取り組み方を楽しく学ぼう**

本研修の背景と目的	「GIGAスクール構想」の実現に向けて、1人1台端末の管理や活用等に関して、どの学校も困り感を抱いており、研修課題としてのニーズが高い。「GIGAスクール構想」の実現に向けて各校で考え取り組むべきこととして、「管理運用」「授業づくり」「探究的利活用」「業務改善」の4つの視点から、参加者同士の協議と情報の共有化を図る。また、先進的な具体事例や関連情報（授業動画や指導案、利用のルールなど）を必要に応じて活用する。

工夫した点	「GIGAスクール構想」の実現に向けた望ましい考え方・取り組みをすごろくのマスとして示し、さらに具体的な手立て（授業動画や指導案、教材、活用のルールなど）をデータベースとして関連させている。すごろくを通して、遊びながら楽しく研修に取り組み、学び合うことができる。すごろくは「GIGAスクール構想」及び「働き方改革」の視点を踏まえ、「管理運用」「授業づくり」「探究的利活用」「業務改善」の4つのゾーンで構成している。研修時間や学校のニーズにより何れのゾーンを研修しても構わない。

本研修の概要	実施時期	夏期休業中
	対象者	教職員（学校事務含む）全員
	研修形態	1グループ4人程度が望ましい。 ※時間に合わせてペアでの対戦等も考えられる。 教職経験年数は混合が望ましい。 小学校の場合：低学年・中学年・高学年別（担任以外は関連学年に） 中・高校の場合：「授業づくり」に関しては教科別が望ましい。
	準備物	○「GIGAすごろく」：研修に使用するゾーンのすごろくをチーム分 ○「GIGAすごろく」のルール：チーム分 ○「GIGAすごろく」の研修プラン：参加者分 ○「GIGAすごろく」の研修アンケート：QRコード ○研修のためのプレゼン：QRコード ○サイコロ：チーム分（スマホのアプリでも可）○コマ：人数分 ○プロジェクター　○スクリーン　○ICT端末やスマートフォン
	時間	1時間（1ゾーンの場合。 　チームで取り組むゾーンが異なる場合は時間増はなし）

研修全体の流れ（時間）	研修の進め方（○）及び留意点（・）
① 研修の目的と方法の説明（10分）	○研修のためのプレゼンを用いて研修の目的とルール等を説明する。 ・先に進むことよりもマス目に止まれば、そこに書いてあることを読み合い、対話し、必要に応じて関連データを見てさらに対話することを奨励する。
② すごろく遊び（30分）	○チームに分かれて、すごろくを通して対話しながら学ぶ。 ・対話が活発に行われるように促す。
③ 学びの共有化（15分）	○学んだことを共有し、自校で取り組めることを協議する。
④ 学びの振り返り（5分）	○研修アンケートに回答する。

6
ICT活用に関する教員研修と大学授業のモデル

このアンケートは、研修直後の手ごたえを「手軽さ」「意識改革」「有用性」「協働性」の視点で評価するものとなっています。

　よりよい「GIGA すごろく」づくりのためのヒントとさせていただきますので、ご協力ください。

①あなたの学校種を教えてください。
　　○小学校
　　○中学校
　　○高等学校・専修学校
　　○特別支援学校
　　○その他

②あなたの職階を教えてください。
　　○管理職（校長、副校長、教頭）
　　○教諭（ICT 担当）
　　○教諭（ICT 担当以外）
　　○その他

③研修に使ったゾーンは何ですか。
　　※複数回答可
　　A 管理運用
　　B 授業づくり
　　C 探究的利活用
　　D 業務改善

④「GIGA すごろく」は、楽しかったですか。　　　　　　　　　　「手軽さ」
　　○そう思う
　　○ややそう思う
　　○どちらでもない
　　○あまりそう思わない
　　○そう思わない

※以降⑤〜⑨まで、評定尺度は同じ

⑤「GIGA すごろく」は、分かりやすかったですか。　　　　　　　「手軽さ」

⑥「GIGA すごろく」を通して、積極的に ICT を活用していこうと意識が変わりましたか。　　　　　　　「意識改革」

⑦「GIGA すごろく」を研修に使ってみたいと思いましたか。　　　「意識改革」

⑧「GIGA すごろく」を通して、考え方や具体的な手立てを得ることができましたか。　　　　　　　　「有用性」

⑨「GIGA すごろく」を通して、互いの考えや取り組み、疑問、悩みなどを話し合うことができましたか。　　「協働性」

⑩「GIGA すごろく」を活用した教員研修のよさや課題などを率直に記載してください。
　　※記述

4 「GIGA すごろく」チェックリスト

チェック	A 管理運用	チェック	B 授業づくり	チェック	C 探究的利活用	チェック	D 業務改善　最終
	A01【組織体制】「GIGA スクール構想」を推進する校内体制や、問題を管理職に報告する仕組みがある。		B01【授業導入】学習アプリを用いて、本時の流れやルーブリックを示すことができる。		C01【知識・技能】子どもが、生活場面におけるインターネットやAIの実態・危険性について理解している。		D01【子どもの管理】ICT を活用して、子どもの出欠状況を管理する。
	A02【組織体制】ICT 活用に関わる担当者を複数にしたり、他の業務を軽減したりするなど配慮している。		B02【授業導入】クラウド上の振り返りシートをもとに、本時の問いづくりをしている。		C02【知識・技能】子どもが、インターネットのトラブル等に関する相談窓口を知っている。		D02【子どもの管理】ICT を活用して、子どもの情報を一括管理し、活用している。
	A03【組織体制】機器のトラブル等を解決するための仕組みについて、共通理解している。		B03【授業導入】前時に学んだ知識や技能を、ICT を活用して確認することができる。		C03【知識・技能】サイトやアプリを活用するために、子どもが自分のIDやパスワードを適切に管理する。		D03【子どもの管理】ICT を活用して、子どもの検温の結果や体調等を把握する。
	A04【組織体制】ICT の担当者と管理職、事務職員が物品管理や予算管理について連携している。		B04【授業展開】習得した知識を発揮できるように、ICT を活用して学習場面を仕組むことができる。		C04【知識・技能】子どもが、「考えるための技法や思考ツール」をICT 端末を使って適切に活用する。		D04【子どもの管理】ICT を活用して、子どもの成績や進路希望等を管理し、活用する。
	A05【運用準備】ICT 端末の活用に関するビジョンを子どもや保護者と共有している。		B05【授業展開】ICT を活用して、友達や専門家等と対話をさせることができる。		C05【知識・技能】情報発信の手段の一つとして、子どもが、QR コードを作成し活用する。		D05【学級・授業】子どもが、一日の流れや翌日の予定をICT 端末で確認できるようにする。
	A06【運用準備】子どもが自分の ICT 端末を使用するための方法やルールなどを作っている。		B06【授業展開】子どもが、ICT を活用するなど、自分に合った方法で課題解決する時間を設けている。		C06【知識・技能】子どもが、ICT 端末を活用して、発信したり、表現したりする。		D06【学級・授業】ICT を活用した教材準備を担当者で分担する。
	A07【運用準備】不登校や病気療養中の子ども、日本語指導が必要な子どもがICT を活用できる手立てを講じている。		B07【授業展開】グループで整理・分析した意見を、ICT を活用して、クラス全体の議論に活かすことができる。		C07【知識・技能】目的に合わせて、子どもが、情報収集に適した手段を選択する。		D07【行事】必要に応じてオンラインで保護者面談を行う。
	A08【運用準備】ICT 端末の電源の入れ方、切り方、充電の仕方を指導している。		B08【授業まとめ】本時で学んだことを学習履歴としてクラウドに蓄積させることができる。		C08【知識・技能】課題解決のために、子どもが、ICT 端末を校外（家庭も含む）で適切に活用する。		D08【行事】保護者が、ICT を活用して必要な情報を取得できるようにする。
	A09【運用準備】他者に配慮した情報モラルの指導を行っている。		B09【授業まとめ】デジタルドリルで、子どもが自分に合った練習問題を選択し、学習する時間を設ける。		C09【思・判・表】休業時や欠席時に、子どもが、ICT 端末を活用して、学習する。		D09【行事】保護者に、メールで行事の案内を行い、出欠確認をする。
	A10【運用準備】ブックマークの設定やデータ管理の仕方、検索方法を指導している。		B10【授業まとめ】クラウド上に提出されたレポートやテストを分析し、次時以降の指導に活かすことができる。		C10【思考・判断・表現】子どもが、ICT 端末を活用して、他校や外国、地域の人々と交流する。		D10【行事】改善に生かすために、子どもに、ICT 端末を活用させて行事等のアンケートを行う。
	A11【運用準備】子どもの ICT 端末の利用状況を確認することができる。		B11【授業まとめ】次時の学習に用いるために、自己の振り返りをクラウド上のアプリに記入させる。		C11【思考・判断・表現】子どもが、ICT 端末を活用した学習方法を工夫し、友達と共有する。		D11【会議・勤務】ICT を活用して校内外の教職員が連絡を取り合う。
	A12【クラウド・アカウント】ID、パスワードを子どもが適切に管理するように指導している。		B12【カリキュラム】ICT の活用そのものを目的とせず、効果的な手段と位置付け、授業に用いる。		C12【思考・判断・表現】子どもが、ICT 端末を活用して、別の場所にいる友達と学習したり、活動したりする。		D12【会議・勤務】ICT 機器を効果的に配置し、職員室等を働きやすい環境に整備する。
	A13【クラウド・アカウント】パスワードをリセットする方法を知っている。		B13【カリキュラム】ICT を活用して、離れた学校や専門家との交流を仕組む。		C13【思考・判断・表現】子どもが、各教科等で学習したことをクラウドに蓄積して、関連付けながら学ぶ。		D13【会議・勤務】オンラインを活用して、他校や自校の教職員と会議や研修、打ち合わせを行う。
	K14【クラウド・アカウント】目的に応じてクラウドのフォルダやファイルの権限を設定できる。		B14【カリキュラム】低学年から情報モラル教育を体系的に学べるように充実を図っている。		C14【思考・判断・表現】メールやSNSでやり取りするときは、文章表現に気を付ける。		D14【会議・勤務】ICT を活用して、教職員の出退勤、年休、出張等を管理する。
	A15【クラウド・アカウント】年度終わりから年度始めにかけて、子どものアカウントの年度更新をしている。		B15【カリキュラム】カメラ機能の活用やタイピング練習など、「GIGA に慣れる」活動を設けている。		C15【思考・判断・表現】集めた情報を、子どもがクラウドを使って共有したり、協働で作業したりする。		D15【会議・勤務】ICT に関連する研修を定期的に開催し、教職員全体のスキル向上を図る。
	A16【クラウド・アカウント】ICT 端末内やクラウド上のデータ整理の方法を指導できる。		B16【カリキュラム】共同編集やコメント機能を活用した「子どもがつながる」活動を設けている。		C16【学びに向かう力】ICT 端末の使い方が分からない時に、子ども自身が友達や教師に聞く。		D16【会議・勤務】ICT を活用して、特別教室の使用予約を管理する。
	A17【校務の情報化推進】子どもと共通のソフトウエアを使っている。		B17【学習環境】子どもの特性に応じて、文字の拡大や読み上げ機能などを計画・活用している。		C17【学びに向かう力】子どもが、ICT 端末を活用して、様々な行事や委員会活動等の企画・提案・振り返り・改善を行う。		D17【会議・勤務】職員会議等の資料をICT で管理し、活用する。
	A18【校務の情報化推進】定期的にセキュリティ研修を行うなど、力量向上の場がある。		B18【学習環境】日本語指導が必要な子どもへのICT の活用方法を検討している。		C18【学びに向かう力】子どもが、ICT 端末を活用して、現代社会の問題を見つける。		D18【会議・勤務】電話の受付時間を設定し、時間外は音声案内にする。
	A19【持ち帰り】子どもが ICT 端末を安全に持ち帰り、有効に使用できるように、マニュアル等を作成している。		B19【学習環境】子どもが、自分で学習アプリにアクセスできるようにしている。		C19【学びに向かう力】クラウド上の学習履歴をもとに、子どもが自分の学びや学び方を振り返る。		D19【校務分掌】ICT（バーコード）を活用して、備品や図書を管理する。
	A20【持ち帰り】家庭において保護者のICT の活用力（モラルを含む）を高めるための方策がある。		B20【学習環境】学習内容に関わる子どもの既有の知識を、ICT を活用して把握することができる。		C20【学びに向かう力】子どもが、自分の学習ニーズに応じて、アプリやサイトを活用する。		D20【校務分掌】ICT を活用し校務分掌等を定期的に評価し、業務改善の新たな取組を提案する。
	A21【持ち帰り】家庭でのWi-Fi接続の方法について、説明することができる。		B21【学習環境】授業内容に合った有効な新聞記事や動画を準備することができる。		C21【学びに向かう力】子どもが、適切にAIドリルや動画を活用する。		D21【校務分掌】ICT を活用して、保護者に学校評価等のアンケートを行う。
	A22【健康面の配慮】健康面に留意した端末活用について、指導している。		B22【学習環境】知りたいことは、ICT 端末を用いて、すぐに調べられるようにしている。		C22【学びに向かう力】子どもが、自分のICT 端末の活用の仕方を振り返り、改善点を見出そうとする。		D22【校務分掌】校務支援システムを活用して、校納金の徴収、及び納入管理をする。

6

ICT活用に関する教員研修と大学授業のモデル

147

ICT活用に関する研修プラン

1　効果的な研修会を行うために大切なこと

「GIGAスクール構想」によって、1人1台端末及び高速大容量の通信ネットワークの環境が整ったものの、活用の程度の格差が、学校間や教師間で大きくなっているという声を聞く。

「GIGAスクール構想」が目指していることを実現するためには、すべての学校ですべての教師が、ICTを有効に活用した授業を実践し、教師と児童生徒の双方の力を最大限に引き出すことが必要である。

ここでは、筆者が関わった校内研修会の事例を紹介する。なお、現職教員を対象とした研修会の例ではあるが、時間を多めに取り、学生の実態に合わせて修正すれば、大学の授業でも実施可能である。是非、参考にしていただきたい。

2　研修会をデザインする際のポイント

最初に、研修会をデザインする際のポイントを述べる。筆者は、ICT活用に関する研修を構想する際に、次に示すような研修会とすることを大切にしている。

- ・学校教育目標を達成するためのICT活用を学ぶ研修会
- ・参加した教師が協働して互いに支え合う研修会
- ・研修内容をすべての教師が自分事化する研修会
- ・教師が目指す授業を実現するためのICT活用の仕方を学ぶ研修会

このようにするのは、児童生徒がICT

端末を活用して主体的・協働的に学ぶ授業を行うためには、教師自身がそれを体験し、自分の授業を改善していく必要があるからである。

小学校学習指導要領解説総則編で「各教科等の授業のねらいを改善したり、教育課程の実施状況を評価したりすることが可能となるよう[1]」に具体的な教育目標を設定することが求められるとされている。学校教育目標や各教師が目指す授業を実現するために、授業におけるICT活用について教師が協働して考える機会を設けることで、ICT活用について教師間で日常的に相談し合い学び合う状況が生まれることが期待できる。

3　ICTを活用し、学校教育目標の視点から、協働して研究授業を分析する研修

名古屋市立春日野小学校は、全ての教師が年に1回は部会単位以上の研究授業を行い、そのうち全体で協議する研究授業を3回設けている。年間の研修計画を表に示す。

学校として、「自ら学ぶ春日野っ子の育成～ICTを活用した学習活動を通して～」を努力点としたうえで、「目指す教師像」を掲げており、令和4（2022）年度の重点として、「高め合う『チーム春日野』の実現　◎連携に心がけ、常により良いものを生み出そうとします。◎互いに認め合い、充実した授業づくりに努めます。」としている。

全ての教師が、ICTを活用した研究授業を行うこととなっているため、研究授業の協議会で行うワークショップでそれぞれが持つ知見を学び合ったり、自分ならどうす

るかと考えながら、研究授業を参観したり、研究協議をしたりすることが期待できることから、ICT を活用して、協働的に学ぶスタイルとした。

研修会では、学校教育目標を含むグランドデザインや市の教育振興基本計画の重点事項について確認をしたあと、それらの視点から授業分析を行うワークショップを行った。

〈年間研修計画（一部）〉
6月　全体研修会（講義）
9月　第1回研究協議会（研究授業を高学年で実施）
11月　第2回研究協議会（研究授業を中学年で実施）
12月　第3回研究協議会（研究授業を低学年で実施）
＊全ての教師が年間1回の研究授業を行い、部会単位の協議会を実施する。

〈第1回〜第3回研究協議会の流れ〉
(1)研究授業
(2)研究協議会（約60分）
①講義（以下は第1回の内容：校内研究の状況に合わせて設定）
・学校グランドデザインの確認
・第3期名古屋市教育振興基本計画で示されている重点について
・「主体的・対話的で深い学び」「情報活用能力（情報モラルを含む）」について
②授業分析ワークショップ
授業者から授業についての説明
グループ協議（クラウド上のホワイトボードを使用）
③グループ発表
④質疑応答

4 模擬授業と授業改善提案・授業分析ワークショップを設定した研修

(1) 研修計画

三重県津市立東観中学校では、ICT を活用した授業実践が一部の教員に留まってい

るという課題があった。教員全員がICTを活用した授業を実践できるようにするために、研修のキーワードは「チーム東観」「自分事化」とし、以下のような研修計画を立てた。

6月　ICT を活用した授業の実施（4、5、6限の授業担当者全員、指導案無し）、第1回研修会　GIGA スクール構想に関する講義、研究授業において「主体的・対話的で深い学び」を実現できていたかどうかの視点で授業を振りかえるワークショップ
9月上旬　指導案検討会1回目
9月下旬　指導案検討会2回目
10月　第2回研修会　模擬授業、授業改善のためのワークショップ
11月　公開授業（体育科、1クラスのみ、中学校区）、第3回研修会
12月　指導案検討会3回目
1月　第4回研修会　模擬授業、授業改善のためのワークショップ
1月　公開授業（参観授業　1年生3クラス、2年生3クラス、提案授業　1年生理科、1クラス、市内）、研究協議会（第5回研修会）

(2) 指導案検討会

11月の研究授業の前に2回、1月の研究授業の前に1回の計3回、授業者、研究主任、教頭、校長、筆者（オンライン参加）による指導案検討会を実施した。

吉崎（2012）は、「『授業デザイン（授業をデザインする力）』は、『授業に対する思い（思い）』『授業の発想（発想力）』『授業の構想（構成力）』『授業で用いる教材の開発（教材力）』『日常生活での問題意識（問題意識）』の5つの構成要素で成り立っている[2]」と述べている。指導案検討会で、筆者は質問して、授業者の思いや考えを引き出すようにし、助言・指導は、極力行わないようにした。そうすることで、授業者の

思いを反映した授業を授業者が考え出すことをサポートでき、授業者の授業構想力を伸ばすことができると考えている。

指導案検討会の手順は、本書3章の「B12 ICTの活用そのものを目的とせず、効果的な手段と位置付け、授業に用いる」で示した手順をベースとした。

筆者は、教育現場の教師と指導案検討会を行う際には、できるだけ、「筆者が授業者に質問して、授業者に、単元を通して、生徒に学んで欲しいことを語ってもらう」「筆者が授業者の語りを授業者の思いとして文章化する」を行っている。思いを言葉にしてもらうことで、授業のデザインが決まり、具体的な学習活動やICT活用のアイデアを授業者が考えやすくなる。また、自分のねらいを実現するためのICT活用の方法を自然に考えることになる。

例えば、A教諭は、「ただ感覚的に柔道をするのではなく、なぜ相手の重心を崩せたのか、なぜ自分の力を効果的に伝えられたのかを理解し、それを踏まえて鍛錬することが必要」と考えているため、それを授業のなかで生徒に伝えるために、「寝技をかけられた状態から脱する演習の様子を3人グループでビデオに撮影しあい、自分の動きの重要場面のスクリーンショットをとり、ポイントに印を付けて、良かった点や改善点を説明し合う活動」を設定した。

他校の指導案検討会で語られた教師の思いとその思いを実現するためのICT活用

●小学校B教諭　音楽科

「音色」「強弱」「たてと横との関係」などを感じ取りながら、音楽を鑑賞できるようになって欲しい。さらに、自分が伝えたいことを、音楽にして表現して欲しい。

（ICT活用）

音楽制作アプリで、自分がイメージしている曲になるように、伴奏を付け、それを演奏させる。

●小学校C教諭　理科・社会・総合的な学習の時間（合科授業）

理科、社会科で学習する内容を関連させ、身の周りにある様々な情報システムが世の中で果たしている役割を理解できるようになって欲しい。

（ICT活用）

平時は赤信号で止まるが、救助作業の際には止まらないように動作を変えるようにプログラミングした緊急車両のロボットカーを町のジオラマの中で走らせる。

●中学校D教諭　数学科

数学を学ぶことによって、自分が持っているデータや情報を必要に応じて選択、判断し、適切な方法を用いて解決する力を身につけて欲しい。解に至るいろんなプロセスがあることを知らせ、どのような表現が良かったのかを判断させたい。

（ICT活用）

一つの問題を、式、表、グラフのいずれかを使って考えさせ、それをクラス全体で教育用SNSを使って共有し、それぞれの良さや解法の最適化の重要性に気づかせる。

⑶　模擬授業と授業改善のための研修会

11月の公開授業の約2週間前に、授業を行う教師が約30分で模擬授業を行い、他の教師は生徒役として、ICTを活用した授業を経験し、その後の研修会で、授業改善提案を行う形を取った。

以下に、研修会の流れを示す。グループでの研修会のなかで、ホワイトボード機能を用いて、ICTを活用した協働学習を体験する機会にもなった。

ICT活用：動画を静止させて分析

模擬授業を含めた研修会の流れ（1時間15分）

(1) 研修会の目的の確認

(2) 指導案確認、授業者から説明（保健体育科 「柔道：寝技（様々な押さえ込みからの逃げ方）」）

(3) 武道場に移動して模擬授業　30分（授業者以外は生徒役をし、生徒の視点と教師の視点の両方から模擬授業について考察する）

・技の練習の動画のスクリーンショットを取り、書き込む場面を中心に実施。

(4) グループ協議

ホワイトボード機能を使用して、「教科の見方・考え方」「育成を目指す資質・能力の3つの柱」の2つの視点から意見を出し合う。

(5) 各グループから発表

(6) 連絡

(4) 研究授業の中で着目した場面の写真や動画を見せ合いながら、協議する研修会

研究授業を参観する教師は全員、ICT端末で写真や動画による記録を撮り、授業分析ワークショップのなかで、着目した場面の写真を示しながら、グループで協議した。それぞれの教師が着目した場面が明確になり、多角的多面的に授業を検討することができた。その後、グループでの話し合いの結果を全体に共有した。

そして、異なる教科の研究授業から学んだことを自分の授業実践に生かして、自身の授業実践上の課題と解決策を、教育用SNSを使って職場全体で共有するようにした。

（長谷川元洋）

1) 文部科学省（2017）「小学校学習指導要領（平成29年告示）解説　総則編」p.46

2) 吉崎静夫（2012）「第1章　教育工学としての授業研究」、日本教育工学会監修　水越敏行・吉崎静夫・木原敏行・田口真奈『教育工学選書6　授業研究と教育工学』ミネルヴァ書房

「GIGAすごろく」を活用した大学授業モデル

1　大学授業モデルについて

　これまで述べられてきたように、学校教育においてICTを活用した教育が求められている。それはもちろん、教職を受ける学生に対しても同様である。「GIGAすごろく」は、教員研修向けに開発されたものではあるが、大学の授業でも十分利用可能である。本節では、大学で実施するための授業の流れと、2つの大学で実践後にとった学生からの感想を紹介する。

2　大学での授業の流れ

　授業は、表のように、90分で設定した。
　「説明」では、すごろく自体の遊び方の説明と、学習活動全体の流れを確認する。特にここでは、すごろくのルールに加え、以下の「実施」に示すようなすごろくへの取り組み方について、そして、遊戯後に「整理」のなかで実施することについてそれぞれ説明する。
　「実施」では、実際にすごろくで遊戯させる。そのなかで、止まったマスについて、自分が学んだこと、経験したこと、疑問、想いなどについて語り、付箋に残す。この時、青色、黄色、赤色の3色の付箋を渡し、青色「得意なことや問題がないこと、経験してきたことについて」、黄色「疑問に思っていることやできるかできないか中途半

	内容	時間	概要
1	説明	10分	すごろく及び学習の流れの確認
2	実施	20分	すごろくの実施
3	整理	30分	すごろくで出てきた項目の整理と情報収集
4	共有	15分	疑問の解消と残課題の全体共有
5	省察	15分	講評と振り返りシートの記入

端なことについて」、赤色「苦手なことや問題がありそうなことについて」といった形でそれぞれ記入させる。

青の付箋	黄の付箋	赤の付箋
得意・問題なし	疑問・中途半端	苦手・問題あり

　たとえば、「B13【カリキュラム】ICTを活用して、離れた学校や専門家との交流を仕組む」ことに対して考えさせた場合、「他校との共有授業の流れは小学校のときに経験したことがあるから流れがわかる」といった自信のある発言であれば青色に記入し、「小学校のときに経験したことがあるが、教員として運用することはできるのだろうか?」といった疑問のある発言であれば黄色に記入し、「教員としての準備の仕方がわからないから難しい」といった苦手意識の強い発言であれば赤色に記入させる。
　「整理」では、すごろくを通して出てきた学習者のこれまでの学習事項や疑問などを項目ごとに整理させる。整理中は、特に、黄色や赤色の付箋を中心に話題に上げさせる。加えて、すごろく内でもっと深く議論したかったことなどを協議したり、解決の方法を知っていることを教えてあげたり、整理中にもっと知りたくなったことなどを情報収集したりし、すべての項目で出てきた問題の解決を目指す。
　「共有」では、すごろくの実施によって出てきた項目の中で、省察の時間でより深く検討したものや、課題の解決が叶わなかったことなどを全体に共有する。もし、他のグループでその話題について検討されていれば、お互いに話し合った内容などを提

供し合う。

「省察」では、講師が全体共有を聞いて、全体としての残課題や、全体の共通の興味分野などについて説明する。特に、グループによって異なる課題が残っていたり、他グループで解決策を持っていたりする場合には、それを共有する。また、本プログラムによって経験できたこと、気づいたこと、学んだこと、感想、疑問や質問などを記入させ、次以降の授業につなげる。

③　実施後のアンケート結果から

楽しかったことと役に立ったことの2点から、本すごろくについて記述させた。

まず、楽しかったことについては、同じマスに止まったとしても、自分とは違う視点からのコメントがもらえることや、自分でルートや話題が選べたり変わったりすることなどが挙げられていた。特に、「すごろくでどのルートを行くのか考えたりするマスによって話題が変わるから話が尽きなかった」という感想があった。これは、まだ経験がない学生に授業づくりについて話させた場合、話題が尽きてしまうことがあるが、話題を自分で選べることや、すぐに変わることが良い形で表れていたといえる。

次に、役に立ったことについては、実際に授業運営をする際の要点について理解したり、今の時代に合った教育方法や授業スタイルの確認ができたりといった、理想的な授業に関しての記述が多かった。特に、「将来は今よりもICT化が進むと思うので、教師になってからの対応について知ることができ役に立ちそうです」といった感想に代表されるように、様々なマスを進んでいくことで、疑似体験に近い経験ができたようであった。このため、「自分が今どのラインにいるのかがわかりやすく、見える化ができるものだと思う」といった、自らの現時点での指導力の確認ができたようであ

る。

今回、大学の2年次と3年次、2つの異なる学年をメインとした授業をそれぞれ実施した。特に2年次の学生からは、マスに書かれた言葉の意味や意図についての質問が多かった。それぞれ丁寧に説明したところ、他の授業でこれまでに学んできたことを思い出し、ある程度補完できていたようであった。学年によっては、多少の説明を必要とするが、教職課程においても、十分利用可能であるといえよう。

（村川弘城）

1) 2021年6月28日、中央教育審議会「令和の日本型学校教育」を担う教師の在り方特別部会（第2回）・初等中等教育分科会教員養成部会（第124回）合同会議において、教職課程コアカリキュラム（案）が報告された。そのなかで「情報通信技術を活用した教育に関する理論及び方法」の新設が示され、2022年4月1日より教育免許状取得希望者に義務付けられた

オンラインによる
新たなワークショップ型研修の開発

コロナ禍によりオンライン研修が広く行われるようになったが、終息後もオンライン研修は一定程度残るものと考える。かといって、従来のような講義中心の研修に逆戻りすることは望ましくない。筆者が進めてきたワークショップ型研修は「対面」が原則だが、オンラインであっても、対面に匹敵あるいはそれ以上の成果が求められる。2つの事例を紹介する。

1　実際の教員研修を想定した教職大学院のオンライン授業

筆者は前任校の鳴門教育大学において、毎年、教職大学院の授業を3つ、学部の授業を1つ、集中講義で担当している。

教職大学院の受講生の殆どは現職教員で、大学院修了後は学校のかじ取り役や教育センター等の指導主事になる者が多い。そのため、特に「ワークショップ型研修の技法」（2日間：8コマ）は、教員研修のプログラムを想定して計画し、集中講義のなかで校内研修やセンターでの研修を疑似体験させている。2021年度はオンライン形式とした。その理由は2つある。

一つは、前述のように、コロナ禍終息後も、教員研修の全てが対面に戻るのではなく、オンラインとの併用が進むと考えられるからである。講話であればオンラインで全く遜色ないし、簡単な協議を入れるなら、Zoomなどのブレイクアウトルームを活用すれば、瞬時にランダムにグループを組み、講師がオンライン上で机間指導を行うことも容易である。必要に応じて、協議のメンバーを固定しておくことも協議の度に変更することも可能である。

もう一つは筆者自身の挑戦である。「ワークショップ型研修の技法」はワークショップ中心の集中講義である。オンライン形態でのワークショップがどこまで可能なのかを探ってみたかった。講話や協議はオンライン形式でも問題はない、むしろ効果的なこともある。ゲストスピーカーを登用しやすいこともメリットであるし、ネットワーク環境さえ整っていれば、勤務先はもちろん自宅から参加することも可能である。

2　Zoomと協働学習支援ツールの併用によるオンラインワークショップ

集中講義では、講義や受講生同士の協議及びゲストスピーカーの登用にはZoomを常用し、受講生によるワークショップに関してはJR四国コミュニケーションウエアの協働学習支援ツール「コラボノート」を活用した。

受講生19名（小学校教員5名、中学校教員5名、高校教員4名、学卒院生5名）は自宅や大学から参加した。

まず、「学校現場の課題整理ワークショップ」を「コラボノート」で行った。その際に、学校種が分かるように付箋の色分け（小学校は桃色、中学校は緑色など）を行った。KJ法で整理し、大きく11個の課題に整理された。Zoomで「コラボノート」を画面共有しながら、その課題解決のための研修プランを作成したいと考える課題を「学校と地域」や「授業づくり」、「働き方改革」など6つに絞り込んだ。

次に、チーム編制を行った。ここでも学校種で付箋の色分けを行った。Zoomで協議しながら、課題によって学校種を意図し

た3～5名の5チームができた。

授業の中心となる「ワークショップ型研修プラン」の開発に関しては、「コラボノート」の各チームのページに「研修プラン（書式）[1]」を貼り付け、そのうえで付箋を操作し作成していった。「コラボノート」は他のページを見に行くことは容易なので、チームごとにブレイクアウトルームを設定してはいるが、他チームの進行状況を確認することができる（写真1）。

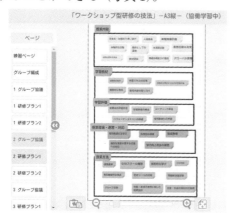
写真1

成果物の発表の際もZoomと「コラボノート」を併用して、全国からゲストスピーカーを招くことができた。

3　対面とオンラインのハイブリッド型ワークショップ

福島大学人間発達文化学類附属学校臨床支援センター主催の「教職員研修講座」において、複数のテーマ・手法のワークショップを対面とオンラインのハイブリッド型で行うワークショップに挑戦した。

研修では、45名が参加し、内10名が自宅等からのオンライン参加であった。研修テーマは、「地域素材の教材化」や「主体的・対話的で深い学びの授業づくり」などの4テーマで、9グループの編制となった。学校種の異なる現職教員や学卒の院生、指導主事をできるだけ混合させた。

「ICTの活用」のオンライングループは、

Zoomのブレイクアウトルーム機能と「コラボノート」を活用して、2つのチームに分かれてワークショップを行った。

ワークショップのなかでは「スパイタイム」（概ね各チームの成果物の完成が近づいた頃に、ワークショップをいったん中断し、順番に他のグループのワークショップの様子を見に行く）も設けた。各研修テーマのワークショップのプロセスを理解するうえで重要な活動である。オンライン参加者のワークショップの様子も常時スクリーンで提示していたので、その様子を撮影する姿も見られた（写真2）。

写真2

対面グループの発表の様子は、Zoomに繋いだパソコンで撮影し、オンライン参加者に発信した。また、オンライングループの協働学習支援ツール「コラボノート」を活用して作成した成果物の発表もZoomを通して対面参加者に発信した。

Zoomと「コラボノート」を併用することで、講義や協議、ゲストスピーカー登用はもちろんのこと、チームによる研修プランの開発及び全体での発表・協議を実現することができた。今回は2つとも研修プランの開発だったが、単元開発や授業づくりなど様々な研修に応用できる。

（村川雅弘）

1）村川雅弘（2016）「研修プラン（書式）」『ワークショップ型教員研修　はじめの一歩』教育開発研究所、p.145

文部科学省「学校における ICT 環境の活用チェックリスト」と「GIGA すごろく」の各マスとの関連🎲

1．活用の前提となる ICT 環境の整備

〈項目〉	関連
① 転出・進学・卒業する児童生徒の端末を回収し、転入生・新入生へ配布する準備ができているか。	A15
② 1 人 1 台端末の活用に向けて、十分な電源容量を確保しているか。	
③ 指導者用の学習指導端末を、教師 1 人 1 台ずつ整備しているか。	
④ セキュリティ機器や無線アクセスポイントなどのネットワーク機器を、端末の円滑な活用を妨げることがないように導入・設定しているか。	
⑤ 学校とインターネットの回線の帯域は、複数クラスの児童生徒の同時活用に支障はないか。	
⑥ 病院内のネットワークからインターネットへの接続は、病院内の児童生徒が ICT 端末を利用することに支障はないか。	A07

2．運営支援
（1）端末運用の準備

〈項目〉	関連
① 端末の管理台帳を作成し、学校設置者や学校と担当事業者で共有しているか。	A12
② 端末やアカウント（ID）の管理・運用の手順と役割分担を明文化しているか。	A12
③ 端末の管理方法、トラブルに関する問合せ先・相談先を、教職員・保護者・児童生徒にわかるように示しているか。	A01 A03 C02
④ 故障、破損、紛失、盗難時等の対応手順、連絡先を、教職員・保護者・児童生徒にわかるように示しているか。	A03 A05 C02
⑤ 貸与された端末等を児童生徒が大切に扱うためのルールを作成し、保護者・児童生徒に共有されているか。	A05 A08
⑥ セキュリティ問題やネット利用に関するトラブルが発生した際の問合せ先・相談先を、教職員・保護者・児童生徒にわかるように示しているか。	A03 A18 C01 C02
⑦ 不測の事態の発生時においても授業への影響を最小限にするために、対応策を想定しておくことが教職員に共有されているか。	A01 A03
⑧ 端末の年度更新について、運用方針・処理事項・手順と役割分担を明文化しているか。	A15
⑨ 児童生徒が所有する端末を学校に持参して使用する場合（BYOD）、必要なセキュリティ対策を講じているか。	A18

（2）クラウド環境・アカウント（ID）の取扱い

〈項目〉	関連
① クラウドサービスを利用して、管理の効率化を図っているか。	
② クラウドサービスの活用を前提とした、学習活動の充実を図っているか。	A14 A16 B10 B11 B20
③ セキュリティポリシーや個人情報の取扱いなどが、クラウドサービスの利用に適したものになっているか。	A18
④ 1 人 1 アカウント（ID）の命名規則を定め、発行し、パスワードとともに児童生徒に配布しているか。	A06 A12
⑤ アカウント（ID）・パスワードの意味と活用方法、注意点を、教職員・保護者・児童生徒にわかりやすく示しているか。	A06 A12 A14 C03

（3）健康面の配慮

〈項目〉	関連
① 「目と端末の距離を 30cm 以上離すこと」、「30 分に 1 回は 20 秒以上目を休めること」などの健康上の留意事項を、教職員・保護者・児童生徒にわかりやすく示しているか。	A06 A22
② 養護教諭・学校医に対して、GIGA スクール構想の目的や、児童生徒の ICT を活用した学び方の変容等をわかるように示しているか。	

〈項目〉	関連
③　ICT の過度な利用につながることのないよう、家庭学習について配慮を行っているか。	A11 A22
④　日常的な健康観察や学校健診等を通して、教職員・養護教諭・学校医等が連携し、児童生徒の状況を把握し、対応できる体制を整えているか。	

（4）持ち帰った ICT 端末等を活用した自宅等での学習

〈項目〉	関連
①　臨時休業等の非常時において、端末等を家庭に持ち帰るときのルールを作成し、教職員・保護者・児童生徒に共有されているか。	A06 A19 C09
②　臨時休業等の非常時において、端末等を家庭に持ち帰ることを想定して、通信環境が整っていない家庭に対する具体的な対策を講じているか。	A21
③　平常時において、端末等を持ち帰ることの目的・内容を明確にし、教職員・保護者・児童生徒に共有されているか。	A06 A19 A20
④　平常時において、端末等を家庭に持ち帰るときのルールを作成し、教職員・保護者・児童生徒に共有されているか。	A06 A19 A20
⑤　平常時において、端末等を家庭に持ち帰ることを想定して、通信環境が整っていない家庭に対する具体的な対策を講じているか。	

（5）組織体制の整備

〈項目〉	関連
①　都道府県教育委員会が主体となり、域内の市区町村教育委員会の運営支援を行う体制を整えているか。	
②　自治体（学校設置者）内に、教育の情報化の担当者を配置しているか。	
③　自治体（学校設置者）内に、教育の情報化を推進する組織・体制があるか。	
④　自治体（学校設置者）として、各学校の情報担当者が連携する組織・委員会等があるか。	
⑤　自治体（学校設置者）として、各学校の環境整備・活用の状況や課題の把握と、その対応策等を整理、共有する機会が設けられているか。	

（6）校務の情報化の推進

〈項目〉	関連
①　校務支援システムの活用など校務の情報化に取り組んでいるか。	D01 D02 D03 D04 D12 D14 D16 D20
②　クラウドサービスを活用した校務の情報化を検討・実施しているか。	D11 D13 D17
③　ICT を用いて学校と家庭をつなぐ取組を検討・実施しているか。	D03 D07 D08 D09 D21

3．学習指導等支援
（1）日常での活用促進

〈項目〉	関連
①　将来的な ICT の活用イメージを教職員に示しているか。	A05 B12
②　活用初期段階での具体的な活用事例を教職員に示しているか。	B12
③　学習指導のみならず、連絡手段や健康観察、相談窓口等の授業外での利用など、多様な活用方法を推進しているか。	C01 〜 C22 D01 〜 D22
④　「GIGA に慣れる」として紹介されている活用に取り組めているか。	A06 A10 A16 B06 B09 B15B19 B20 C05 〜 C08 C12 〜 C14 C17 〜 C22
⑤　「教師と子供がつながる」として紹介されている活用に取り組めているか。	A06 A16 B01 〜 B04 B21 C09 C16 D05 D10
⑥　「子供同士がつながる」として紹介されている活用に取り組めているか。	A06 B07 B13 B16 C04 C07 C12 C15 C16
⑦　「学校と家庭がつながる」として紹介されている活用に取り組めているか。	A20 D03 D05 D07 D08 D09
⑧　「職員同士でつながる」として紹介されている活用に取り組めているか。	D06 D11 D12 D13 D17
⑨　簡易な端末利用ガイドや活用支援に関するウェブサイト、詳細なマニュアルが、必要なときに参照できるように整備しているか。	D17
⑩　ICT 活用の最新の状況を情報収集しているか。	
⑪　学びの質の向上に向けた児童生徒の学習データを利用した取組を検討しているか。	B20 C13 C22

6

ICT 活用に関する教員研修と大学授業のモデル

157

(2) 安全・安心な端末活用

〈項目〉	関連
① ネットワーク等の特性を理解し、危険につながる可能性がある行動、他人に迷惑をかける行動をしないようにICTを活用できるよう、児童生徒に注意を促す機会を設けているか。	A06 A09
② 情報社会で適正な活動を行うための基となる考え方や態度を育む情報モラル教育の充実を検討しているか。	A06 A09
③ 小学校低学年から、情報モラル教育を体系的に行う計画を立てて、実施しているか。	A06 A09 B14 C14
④ ICTを活用した学びの幅を制限することなく、さらに、安心・安全が確保できるように機能制限やフィルタリングなどの手段を適切に講じているか。	
⑤ デジタル教材等を提供している事業者のプライバシー保護に関する方針を確認した上で、活用しているか。	B21
⑥ ICTの活用により著作物の公衆送信（インターネットを介した送信等）を行うにあたり適用される授業目的公衆送信補償金制度などを活用し、著作権物を利用するために必要な対応をしているか。	B21

(3) 研修の実施

〈項目〉	関連
① 1人1台端末とクラウドを活用した新たな学びの目指す目標、端末等の管理運用などについて、管理職向けの研修を行っているか。	A18 B06 D15
② 授業等での活用、端末等の管理運用に関する教職員向けの研修を計画的に行っているか。	A18 D15
③ 端末等の操作や活用について、教師自身、または教師間で学ぶことができる研修用の材料や情報を提供しているか。	D15
④ 端末やクラウドサービスの機能に関する研修を民間事業者等に依頼するなど、外部人材の活用が進んでいるか。	A02
⑤ 児童生徒への情報モラル教育に関する研修が行われているか。	A06 A09 B14
⑥ 1人1台端末の活用目的や家庭と共通理解を図るための保護者向け資料を作成し、提供しているか。	A05 A09

(4) 特別な配慮が必要な児童生徒に対するICT活用

〈項目〉	関連
① 障害のある児童生徒に対しても、主体的な学びの充実に向けたICTの活用のほか、さらに端末を効果的に活用できるよう文字の拡大、読み上げなどの機能を活用した指導を計画し、実施しているか。	B17
② 障害のある児童生徒が、学びの充実に向けて端末を効果的に活用できるよう、一人一人に応じた入出力支援装置を整備し、活用しているか。	B17
③ 障害のある児童生徒一人一人の障害の状態等に応じた活用のための工夫を検討しているか。	B17
④ 自立活動に関するICTの活用方法を検討しているか。	B17
⑤ 不登校児童生徒等に対するICTの活用方法を検討しているか。	A07
⑥ 日本語指導が必要な児童生徒に対するICTの活用方法を検討しているか。	B17 B18

「教職課程コアカリキュラム」と本書の内容との対応

「教職課程コアカリキュラム」（令和3年8月4日 教員養成部会決定）の「情報通信技術を活用した教育の理論及び方法」の対応表と本書の内容との関連を整理したものである。太字はその章全体が関連しているものである。

情報通信技術を活用した教育の理論及び方法			本書の関連の章、節、項目
全体目標：	情報通信技術を活用した教育の理論及び方法では、情報通信技術を効果的に活用した学習指導や校務の推進の在り方並びに児童及び生徒に情報活用能力（情報モラルを含む。）を育成するための指導法に関する基礎的な知識・技能を身に付ける。		
(1) 情報通信技術の活用の意義と理論			
一般目標：	情報通信技術の活用の意義と理論を理解する。		
到達目標：	1)	社会的背景の変化や急速な技術の発展も踏まえ、個別最適な学びと協働的な学びの実現や、主体的・対話的で深い学びの実現に向けた授業改善の必要性など、情報通信技術の活用の意義と在り方を理解している。	第1章1節・2節・3節 **第3章**
	2)	特別の支援を必要とする児童及び生徒に対する情報通信技術の活用の意義と活用に当たっての留意点を理解している。	第1章5節、第2章07 第3章17・18
	3)	ICT支援員などの外部人材や大学等の外部機関との連携の在り方、学校におけるICT環境の整備の在り方を理解している。	第1章10節 **第2章**
(2) 情報通信技術を効果的に活用した学習指導や校務の推進			
一般目標：	総合的な学習の時間の指導計画作成の考え方を理解し、その実現のために必要な基礎的な能力を身に付ける。		
到達目標：	1)	育成を目指す資質・能力や学習場面に応じた情報通信技術を効果的に活用した指導事例（デジタル教材の作成・利用を含む。）を理解し、基礎的な指導法を身に付けている。	第1章7節 **第3章**
	2)	学習履歴（スタディ・ログ）など教育データを活用して指導や学習評価に活用することや教育情報セキュリティの重要性について理解している。	第1章2節、第2章12・13・18 第3章02・03・08・10・11・20 第4章01・02・13・19 第5章01・02・03・04
	3)	遠隔・オンライン教育の意義や関連するシステムの使用法を理解している。	第3章05・13・16 第4章10、第6章5節
	4)	統合型校務支援システムを含む情報通信技術を効果的に活用した校務の推進について理解している。	**第5章**
(3) 児童及び生徒に情報活用能力（情報モラルを含む。）を育成するための指導法			
一般目標：	児童及び生徒に情報活用能力（情報モラルを含む。）を育成するための基礎的な指導法を身に付ける。		
到達目標：	1)	教科、道徳、特別活動、総合的な学習の時間（以下「各教科等」という。）において、横断的に育成する情報活用能力（情報モラルを含む。）について、その内容を理解している。	第1章4節 第2章06・09・16・19・20・22 第3章14、第4章03・14 第5章05・10
	2)	情報活用能力（情報モラルを含む。）について、各教科等の特性に応じた指導事例を理解し、基礎的な指導法を身に付けている。	第1章3節 第2章06・09・19・22 **第3章、第4章**
	3)	児童に情報通信機器の基本的な操作を身に付けさせるための指導法を身に付けている。※小学校教諭	第2章06・08・10・12 第3章15・22

おわりに

　私はこれまでに単著を含め60本余りの書籍の企画・編集にかかわってきたが、本書はこれまでにない作り方で進めてきた。

　一つ目は、先に教員研修ツール「GIGAすごろく」が開発されたことである。すごろくにより引き出されたGIGAスクール構想やICT活用にかかわる興味関心や課題意識に呼応させる形で、すごろく開発過程で得られた知見や情報を、書籍を通して提供することで、教職員及び教職員同士の学びが活性化すると考えた。

　二つ目は、私は一歩退き、「GIGAすごろく」開発研究会代表の八釼明美氏とICT活用のトップランナーの中川斉史氏のお二人を本づくりの牽引車にしたことである。

　八釼氏は、町工場で働くものづくりの頑固な技術者と喩えていいだろう。発想が豊かでクオリティーを高めるために納得がいくまで粘り強く取り組む。これまでも、幼小接続のためのスタートカリキュラム作成支援ツール『サクスタ』及び『サクスタ❷』（日本文教出版）や総合的な学習の時間の探究過程における指導・支援の考え方や方法を研修するための「総合的な学習の時間　探究的な学び体験すごろく」などのヒット商品を開発してきた実績がある。今回の編集においても、2章から5章の88本の原稿全てに目を通し、用語の統一や文章、資料の確認を行い、執筆者と粘り強くやり取りを行っている。

　中川氏は、文科省ICT活用教育アドバイザや総務省地域情報化アドバイザを務めているが、何よりも凄いのは「教育情報化コーディネータ1級」の所得者ということである。企業や行政、学校などあらゆる分野を通して全国に取得者は7名しか存在し

ない。中川氏が取得した2011年6月には2名しかいなかった。ICT活用に関する様々な実践を手がけ、地域全体の活性化にも尽力してきた。教育実践の金字塔の一つである「博報賞」も受賞している。その知見と経験を生かして、専門的な視点から2章から5章の88本の原稿を、ICT活用に関わる考え方・使い方を中心に確認した。

　さらに、堀田雄大氏は令和2・3年度に文部科学省でカリキュラム・マネジメント関連業務を担当し、GIGA StuDX推進チームのメンバーでもあった。その知見と経験を生かして、文部科学省の「GIGAスクール構想」の考え方・進め方とのずれはないかをチェックした。

　そして何より、今次の学習指導要領改訂、「GIGAスクール構想」推進の中核である文部科学省初等中等教育局教育課程課教育課程企画室の石田有記室長に直接面談させていただき、石田氏からの助言や氏との協議を通して、文部科学省「GIGAスクール構想」の考え方や方向性と本書の趣旨や内容及び「GIGAすごろく」の取組と離齬はないことを確信することができたことは大きい。

　文部科学省「学校におけるICT環境の活用チェックリスト」や「教職課程コアカリキュラム」との整合性も精査している。

　品質と安全性を保障する。校内研修はもちろんのこと、自己研鑽や集合研修、大学授業において、本書を安心してご購読いただきたい。

　また、教員や学生の興味関心や課題意識を引き出すために、付録（ダウンロード可）も大いに活用していただきたい。

村川　雅弘

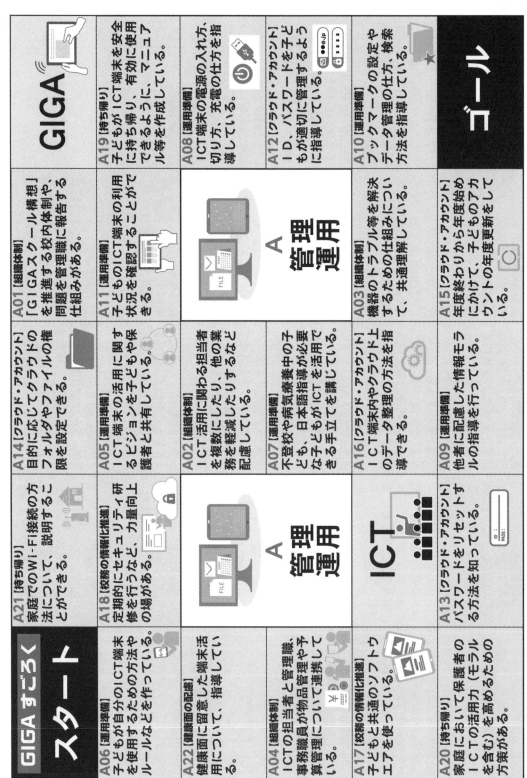

GIGA すごろく スタート

A06 [運用準備] 子どもが自分のICT端末を使用するための方法やルールなどを作っている。

A22 [健康面の配慮] 健康面に留意した端末活用について、指導している。

A04 [組織体制] ICTの担当者と管理職、事務職員が物品管理や予算管理について連携している。

A17 [校務の情報化推進] 子どもと共通のソフトウェアを使っている。

A20 [持ち帰り] 家庭においても保護者のICTの活用力（モラルを含む）を高めるための方策がある。

A21 [持ち帰り] 家庭でのWi-Fi接続の方法について、説明することができる。

A18 [校務の情報化推進] 定期的にセキュリティ研修を行うなど、力量向上の場がある。

A 管理運用

ICT

A13 [クラウド・アカウント] パスワードをリセットする方法を知っている。

A14 [クラウド・アカウント] 目的に応じてクラウドのフォルダやファイルの権限を設定できる。

A05 [運用準備] ICT端末の活用に関するビジョンを子どもや保護者と共有している。

A02 [組織体制] ICT活用に関わる担当者を複数にしたり、他の業務を軽減したりするなど配慮している。

A07 [運用準備] 不登校や病気療養中の子ども、日本語指導が必要な子どもがICTを活用できる手立てをしている。

A16 [クラウド・アカウント] ICT端末内やクラウド上のデータ整理の方法を指導している。

A09 [運用準備] 他者に配慮した情報モラルの指導を行っている。

A01 [組織体制] 「GIGAスクール構想」を推進する校内体制や、問題を管理職に報告する仕組みがある。

A11 [運用準備] 子どものICT端末の利用状況を確認することができる。

A 管理運用

A03 [組織体制] 機器のトラブル等を解決するための仕組みについて、共通理解している。

A15 [クラウド・アカウント] 年度終わりから年度始めにかけて、子どものアカウントの年度更新をしている。

GIGA

A19 [持ち帰り] 子どもがICT端末を安全に持ち帰り、有効に使用できるように、マニュアル等を作成している。

A08 [運用準備] ICT端末の電源の入れ方、切り方、充電の仕方を指導している。

A12 [クラウド・アカウント] ID、パスワードを子どもが適切に管理するよう指導している。

A10 [運用準備] ブックマークの設定やデータ管理の仕方、検索方法を指導している。

ゴール

161

ゴール

B17 [学習環境]
子どもの特性に応じて、文字の拡大や読み上げ機能などを計画・活用している。

B12 [カリキュラム]
ICTの活用そのものを目的とせず、効果的な手段と位置付け、授業に用いている。

B11 [授業まとめ]
次時の学習に用いるため、自己の振り返りをクラウド上のアプリに記入できる。

B22 [学習環境]
知りたいことは、ICT端末を用いて、すぐに調べられるようにしている。

GIGA

B09 [授業まとめ]
デジタルドリルで、子どもが自分に合った練習問題を選択し、学習する時間を設ける。

B18 [学習環境]
日本語指導が必要な子どもへのICTの活用方法を検討している。

B 授業づくり

B08 [授業まとめ]
本時で学んだことを学習履歴としてクラウドに蓄積させることができる。

B07 [授業展開]
グループで整理・分析した意見を、ICTを活用して、クラス全体の議論に活かすことができる。

B21 [学習環境]
授業内容に合った有効な新聞記事や動画を準備することができる。

B13 [カリキュラム]
ICTを活用して、離れた学校や専門家との交流を仕組む。

B10 [授業まとめ]
クラウド上に提出されたレポートやテストを分析し、次時以降の指導に活かすことができる。

B06 [授業展開]
子どもが、ICTを活用するなど、自分に合った方法で課題解決する時間を設けている。

B05 [授業展開]
ICTを活用して、友達や専門家等と対話をさせることができる。

B03 [授業導入]
前時に学んだ知識や技能を、ICTを活用して確認することができる。

B16 [カリキュラム]
共同編集やコメント機能を活用した「子どもがつながる」活動を設けている。

B20 [学習環境]
学習内容に関わる子どもの既有の知識を、ICTを活用して把握することができる。

B14 [カリキュラム]
低学年から情報モラル教育を体系的に学べるように充実を図っている。

B15 [カリキュラム]
カメラ機能の活用やタイピング練習など、「GIGAに慣れる」活動を設けている。

B04 [授業展開]
習得した知識を発揮できるように、ICTを活用して学習場面を仕組むことができる。

ICT

B02 [授業導入]
クラウド上の振り返りシートをもとに、本時の問いづくりをしている。

B01 [授業導入]
学習アプリを用いて、本時の流れやルーブリックを示すことができる。

B19 [学習環境]
子どもが、自分で学習アプリにアクセスできるようにしている。

GIGAすごろく スタート

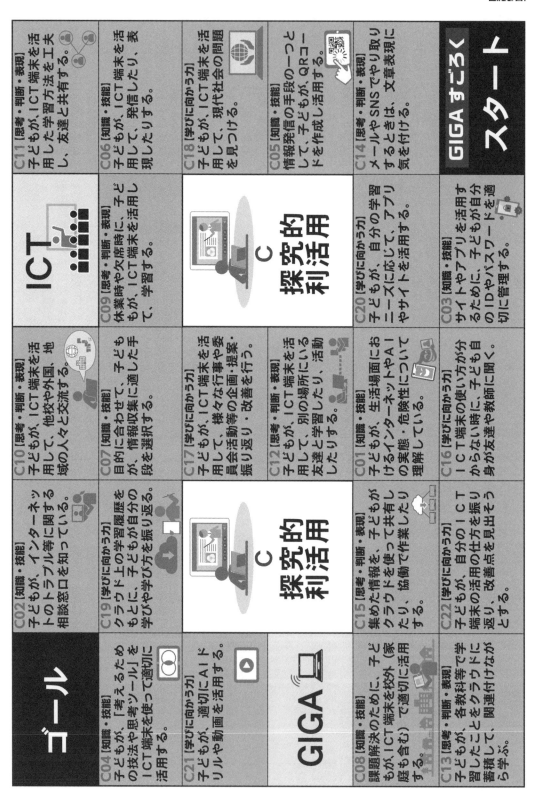

C11 [思考・判断・表現] 子どもが、ICT端末を活用した学習方法を工夫し、友達と共有する。

C06 [知識・技能] 子どもが、ICT端末を活用して、発信したり、表現したりする。

C18 [学びに向かう力] 子どもが、ICT端末を活用して、現代社会の問題を見つける。

C05 [知識・技能] 情報発信の手段の一つとして、子どもが、QRコードを作成し活用する。

C14 [思考・判断・表現] メールやSNSでやり取りするときは、文章表現に気を付ける。

GIGA すごろく　スタート

C10 [思考・判断・表現] 子どもが、ICT端末を活用して、他校や外国、地域の人々と交流する。

C07 [知識・技能] 目的に合わせて、子どもが、情報収集に適した手段を選択する。

C17 [学びに向かう力] 子どもが、ICT端末を活用して、様々な行事や委員会活動等の企画・提案・改善を行う。

C12 [思考・判断・表現] 子どもが、ICT端末を活用して、別の場所にいる友達と学習したりする。

C01 [知識・技能] 子どもが、生活場面におけるインターネットやAIの実態・危険性について理解している。

C16 [学びに向かう力] ICT端末の使い方が分からない時に、子どもも身が友達や教師に聞く。

ICT

C 探究的利活用

C09 [思考・判断・表現] 休業時や欠席時に、子どもが、ICT端末を活用して、学習する。

C20 [学びに向かう力] 子どもが、自分の学習ニーズに応じて、アプリやサイトを適切に活用する。

C03 [知識・技能] サイトやアプリを活用するために、子どもが自分のIDやパスワードを適切に管理する。

ゴール

C02 [知識・技能] 子どもが、インターネット上のトラブルに関する相談窓口を知っている。

C19 [学びに向かう力] クラウド上の学習履歴をもとに、子どもが自分の学びや学び方を振り返る。

C 探究的利活用

C15 [思考・判断・表現] 集めた情報を、クラウドを使って共有したり、協働で作業したりする。

C22 [学びに向かう力] 子どもが、自分のICT端末の活用の仕方を振り返り、改善点を見出そうとする。

C04 [知識・技能] 子どもが、[考えるための技法や思考ツール]をICT端末を使って適切に活用する。

C21 [学びに向かう力] 子どもが、適切にAIドリルや動画を活用しながら学ぶ。

GIGA

C08 [知識・技能] 課題解決のために、子どもが、ICT端末を校外(家庭も含む)で適切に活用する。

C13 [思考・判断・表現] 子どもが、各教科等で学習したことをクラウドに蓄積して、関連付けながら学ぶ。

GIGA すごろく スタート

D11［会議・勤務］ ICTを活用して、校内外の教職員が連絡を取り合う。

D04［子どもの管理］ ICTを活用して、子どもの進路希望等を管理する。

D17［会議・勤務］ 職員会議等の資料をICTで管理し、活用する。

D18［会議・勤務］ 電話の受付時間を設定し、時間外は音声案内とする。

D20［校務分掌］ ICTを活用し校務分掌等を定期的に評価し、業務改善の新たな取組を提案する。

D07［行事］ 必要に応じてオンラインで保護者面談を行う。

D16［会議・勤務］ ICTを活用して、特別教室の使用予約を管理する。

D 業務改善

ICT

D03［子どもの管理］ ICTを活用して、子どもの検温の結果や体調等を把握する。

D09［行事］ 保護者に、メールで行事の案内を行い、出欠確認をする。

D15［会議・勤務］ ICTに関連する研修を定期的に開催し、教職員全体のスキル向上を図る。

D02［子どもの管理］ ICTを活用して、子どもの情報を一括管理し、活用している。

D12［会議・勤務］ ICT機器を効果的に配置し、職員室等を働きやすい環境に整備する。

D14［会議・勤務］ ICTを活用して、教職員の出退勤、年休、出張等を管理する。

D05［学級・授業］ 子どもが、一日の流れや翌日の予定をICT端末等で確認できるようにする。

D13［会議・勤務］ オンラインを活用して、他校や自校の教職員と会議や研修、打ち合わせを行う。

GIGA

D 業務改善

D08［行事］ 保護者が、ICTを活用し必要な情報を取得できるようにする。

D21［校務分掌］ ICTを活用し保護者に学校評価等のアンケートを行う。

D01［子どもの管理］ ICTを活用して、子どもの出欠状況を管理する。

D06［学級・授業］ ICTを活用した教材準備を担当者で分担する。

D22［校務分掌］ 校務支援システムを活用して、校納金の徴収、及び納入管理をする。

D19［校務分掌］ ICT（バーコード）を活用して、備品や図書を管理する。

D10［行事］ 改善に生かすために、子どもに、ICT端末を活用させて行事等のアンケートを行う。

ゴール

◆執筆者一覧◆

【編集・執筆】

八釼　明美　愛知県知多市立旭東小学校教頭
　　　　　　《はじめに、序章、D08、D14、D17、6章1節、6章2節、6章6節》

中川　斉史　徳島県上板町立高志小学校校長
　　　　　　《1章8節、A11、B07、B15、B22、C05、C12、D09》

村川　雅弘　甲南女子大学人間科学部教授（鳴門教育大学名誉教授）
　　　　　　《4章概説、C07、C13、C18、6章5節、6章7節、おわりに》

【執筆】

長谷川元洋　金城学院大学教授《1章1節、B12、C03、6章3節》

益川　弘如　聖心女子大学教授《1章2節》

杉原　真晃　聖心女子大学教授《1章3節》

泰山　裕　鳴門教育大学准教授《1章4節、C04》

小倉　正義　鳴門教育大学教授《1章5節、A07、B17、C14》

辻　歩実　兵庫教育大学大学院生《1章5節、B17》

藤原　伸彦　鳴門教育大学教授《1章6節》

前田　康裕　熊本市教育センター主任指導主事（熊本大学特任教授）
　　　　　　《表紙イラスト、1章7節》

奥村　英樹　四国大学教授《1章9節》

堀田　雄大　新潟市立総合教育センター指導主事
　　　　　　《1章10節、A01、A05、A15、A21、B04、B06、B08、B19、C10、D10》

松浦　浩澄　岡山県真庭市立勝山小学校指導教諭
　　　　　　《2章概説、A03、A10、A13、A14、B21、D01、D11》

山中　昭岳　埼玉県私立さとえ学園小学校科長補佐
　　　　　　《2章概説、A06、A12、A16、A17、A18、A19、A20、C19》

清水　仁　東京都新宿区立落合第三小学校校長
　　　　　　《A02、A04、A08、A22、D02、D07、D16、D18》

田後　要輔　東京都八丈町立富士中学校主幹教諭
　　　　　　《A09、C01、C02、C06、C11、C15、C17、C22》

石堂　裕　兵庫県たつの市立龍野小学校教頭
　　　　　　《3章概説、B01、B02、B03、B05、B10、B13、B16、B18、B20》

小畑　晃一　長崎大学教育学部附属小学校教諭《B11》

橋本　智美　広島県福山市立川口小学校教諭
　　　　　　《B09、B14、C08、C09、C21、D05、D06、D13》

知念　透　筑紫女学園大学講師（福岡県福岡市立志賀中学校元校長）
　　　　　　《C16、C20、5章概説、D03、D04、D12、D15、D19、D20、D21、D22》

村川　弘城　日本福祉大学専任講師《6章4節》

※執筆順（所属等は執筆時の2023年1月）。

※担当箇所の2章から5章の担当はアルファベット＋2桁数字で表記。

◆ memo ◆

◆ memo ◆

◆編著者プロフィール◆

八釼明美　愛知県知多市立旭東小学校教頭

　愛知教育大学卒業。愛知教育大学大学院教職実践研究科修了。岡崎市・知多地方の教員を経て現職。主な著書は、『これからの教育課程とカリキュラム・マネジメント』（ぎょうせい）、『カリマネ100の処方』（教育開発研究所）、スタートカリキュラム作成支援ツール「サクスタ」「サクスタ❷」（日本文教出版）など多数。

中川斉史　徳島県上板町立高志小学校校長

　高知大学教育学部卒業。鳴門教育大学大学院学校教育研究科修了。徳島県の公立小学校教員・副校長等を経て現職。教育情報化コーディネータ1級、文部科学省ICT教育活用アドバイザ等を歴任。主な著書は『カリキュラム・マネジメント実現への戦略と実践』（ぎょうせい）、『学校のLAN学事始』（高陵社書店）など多数。

村川雅弘　甲南女子大学人間科学部教授

　大阪大学人間科学部卒業、大阪大学大学院人間科学科修了。大阪大学助手、鳴門教育大学大学院教授等を経て現職。文部科学省研究開発学校企画評価委員や中央教育審議会専門部会委員などを歴任。主な著書は、『子どもと教師の未来を拓く総合戦略55』『ワークショップ型教員研修　はじめの一歩』（教育開発研究所）など多数。

子どもたちの未来と社会への扉を拓くGIGA実現ハンドブック

2023年3月25日　第1刷発行

編　集─────八釼明美・中川斉史・村川雅弘
発行者─────福山孝弘
発行所─────㈱教育開発研究所
　　　　　　　〒113-0033　東京都文京区本郷2-15-13
　　　　　　　TEL　03-3815-7041（代）FAX　03-3816-2488
　　　　　　　https://www.kyouiku-kaihatu.co.jp
　　　　　　　E-mail sales@kyouiku-kaihatu.co.jp
　　　　　　　振替　00180-3-101434
装　幀─────江森恵子（クリエイティブ・コンセプト）
表紙イラスト───前田康裕
「GIGAすごろく」デザイン──株式会社エイシン印刷
印刷所─────中央精版印刷株式会社

ISBN978-4-86560-573-0　C3037
落丁・乱丁本はお取り替えいたします。
定価はカバーに表示してあります。